박찬호의 노력, 끈기,
전설이 된 야구이야기

박찬호의 노력, 끈기, 전설이 된 야구이야기

초판 1쇄 인쇄 | 2019년 9월 9일
초판 1쇄 발행 | 2019년 9월 16일

지은이 | 임진국
그린이 | 허한우
펴낸이 | 박영욱
펴낸곳 | (주)북오션

편　집 | 이상모
마케팅 | 최석진
디자인 | 서정희·민영선

주　소 | 서울시 마포구 월드컵로 14길 62 북오션빌딩
이메일 | bookocean@naver.com
네이버포스트 | m.post.naver.com ('북오션' 검색)
전　화 | 편집문의: 02-325-9172　영업문의: 02-322-6709
팩　스 | 02-3143-3964

출판신고번호 | 제313-2007-000197호

ISBN 978-89-6799-495-2 (73810)

*스코프는 (주)북오션의 아동 전문 도서 브랜드입니다.

*이 책은 북오션이 저작권자와의 계약에 따라 발행한 것이므로 내용의 일부 또는 전부를
　이용하려면 반드시 북오션의 서면 동의를 받아야 합니다.
*책값은 뒤표지에 있습니다.
*잘못 만들어진 책은 구입하신 서점에서 교환해 드립니다.

머리말

여러분은 박찬호 선수를 아시나요?

박찬호 선수는 어린이 여러분들이 태어나기 훨씬 전부터 미국 프로 야구, 그것도 세계 최고의 선수들이 모여서 경기를 펼치는 메이저리그에서 특급 투수로 활약했던 선수입니다.

1997년 전 국민이 경제 위기로 절망에 빠져 있을 때, 먼 타국에서 승전보를 알리며 희망을 불어 넣어 주었던 선수죠.

축구의 월드컵과 같은 WBC에 출전해서는 영원한 라이벌인 일본의 코를 납작하게 하는 멋진 솜씨도 보여주었습니다.

한마디로 박찬호 선수는 대한민국의 영웅이었습니다.

TV 프로그램 '1박 2일'과 '진짜 사나이'에 출연해서 재미있는 모습도 보여주었고요.

하지만 박찬호 선수가 단지 공을 잘 던져서 국민의 영웅이 된 것은 아닙니다. 박찬호 선수는 어려울 때마다 다시 일어서서 공을 던지는, 끊임없는 도전을 보여주었습니다. 17년간이나 미국 메이저리그에서, 부상과 부진이라는 어려움을 겪으면서도 오로지 노력으로 최고의 모습을 보여주었습니다.

저는 어린이들에게 이런 박찬호 선수의 끊임없는 도전을 알려주기 위기 위해 이 책을 썼습니다. 꿈을 위해서는 어떤 어려움도 극복해 내는 '집념', 미래의 자신을 꿈꾸며 현실로 만들어 내는 '희망', 누구와 맞서더라도 정면으로 돌파하는 '용기', 그 모든 이야기가 박찬호 선수의 인생에 녹아 있습니다.

어린이 여러분도 이 모든 것을 가슴으로 쏙쏙 흡수하면 정말 기쁘겠습니다.

임진국

차례

머리말 …… 4

첫 번째 이야기 처음 잡은 야구공 강속구를 던지다

발 빠른 육상부 선수 …… 10
너, 야구부 들어와라 …… 15
공부는 안 하고 운동만 한다고? …… 20
무섭게 빠른 볼을 던지는 '공주 촌놈' …… 25
할아버지는 언제나 내 편 …… 34
● 박찬호 영광의 순간 ① 1994. 4. 2 …… 40

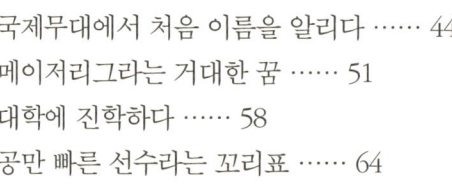

두 번째 이야기 세계의 넓은 그라운드를 꿈꾸다

국제무대에서 처음 이름을 알리다 …… 44
메이저리그라는 거대한 꿈 …… 51
대학에 진학하다 …… 58
공만 빠른 선수라는 꼬리표 …… 64
● 박찬호 영광의 순간 ② 1996. 4. 7 …… 70

세 번째 이야기 환희와 좌절, 그러나 오뚝이처럼!

한국인 최초 메이저리그 마운드에 오르다 …… 74
18일 만의 강등 …… 84
2년간의 외로운 투쟁 …… 91
어머니를 생각하며 다시 일어서다 …… 99
● 박찬호 영광의 순간 ③ 2001. 7. 11 …… 104

네 번째 이야기 나는 한국의 영웅, 코리안특급이다

메이저리그에서 다시 부르다 …… 108
국민들을 위로해준 한국의 영웅 …… 116
18승을 거둔 성공의 해 …… 123
6,500만 달러의 사나이 …… 128
● 박찬호 영광의 순간 ④ 2006. 3. 5 …… 134

다섯 번째 이야기 험난한 모험 속에서도 난 꿋꿋해!

슬럼프라는 거대한 웅덩이 …… 138
구단을 떠돌아 다니는 여행자(저니맨) …… 146
아시아 최고 선수에 오르다 …… 153
새로운 시작, 일본에서 희망을 던지다 …… 159
돈은 필요 없어요 …… 167
처음과 끝 …… 171
우리 곁에 살아 숨 쉬는 전설 …… 174
● 박찬호 영광의 순간 ⑤ 2010. 10. 2 …… 178

네 번째 이야기

세 번째 이야기

두 번째 이야기

다섯 번째 이야기

첫 번째 이야기

처음 잡은 야구공
강속구를 던지다

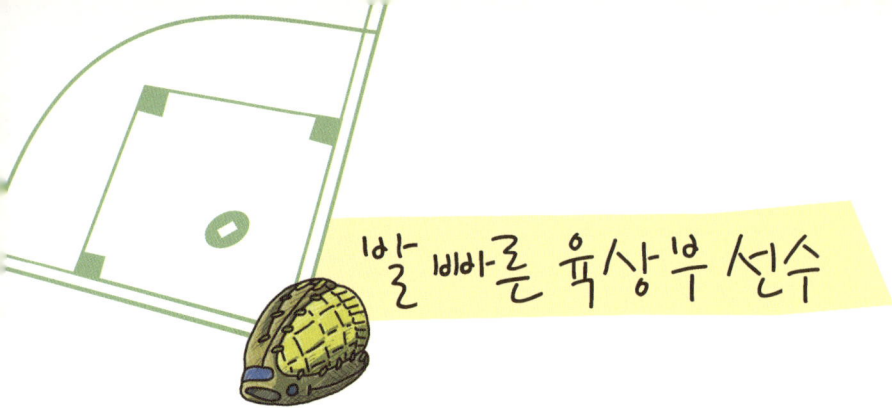

발 빠른 육상부 선수

"쟤 누구지? 정말 빠른데……."

1984년 어느 날, 충남 공주 중동초등학교 운동장에서 아이들이 재잘거리며 뛰놀고 있었습니다.

교무실에서 아이들이 노는 모습을 지켜보던 육상부 선생님의 눈이 번쩍 뜨였어요. 또래에 비해 유달리 키가 크고 다리가 긴 아이를 보았기 때문이죠.

'반드시 저 아이를 육상부로 데려오고 말겠다.'

선생님은 마음속으로 이렇게 다짐하며 아이들이 노는 곳으로 발걸음을 옮겼습니다.

그런데 가까이 가서 보니 선생님 반 학생인 박찬호였어요. 찬호의 담임선생님은 육상부 코치를 겸하고 있었죠.

선생님은 다음 날 곧장 찬호 부모님께 부탁을 드렸어요.

"찬호를 제게 맡겨 주십시오. 운동을 하면서 공부도 잘할 수 있도록 지도하겠습니다."

찬호의 아버지는 선생님의 말이 그리 달갑지 않았죠. 찬호가 공부를 잘해서 남을 돕는 훌륭한 사람이 되길 바랐기 때문이었어요.

사실 찬호는 운동보다 공부를 잘했어요. 도내 수학경시대회에서 입상할 정도로 머리가 좋았거든요.

"선생님 말씀은 고맙습니다. 그런데 찬호는 공부를 해야 합니다."

찬호 아버지의 단호한 말에 선생님은 할 수 없이 발길을 돌렸습니다.

하지만 포기하지 않았죠. 다음 날 찬호를 조용히 불렀어요.

"육상은 공부하면서도 할 수 있단다. 특별활동으로 하는 거야. 그리고 육상부에 들어오면 간식도 많이 먹을 수 있어."

'오잉? 간식?'

찬호는 그 말에 귀가 솔깃했어요. 운동을 하면 맛있는 간식을 먹을 수 있다는 선생님 말이 귓가에 맴돌았어요. 사실 찬호는 집이 가난하고 형제들도 많은 편이라 먹고 싶은 과자를 마음껏 먹지 못했거든요.

그날부터 찬호는 부모님을 졸랐습니다.

"육상부에 들어가고 싶어요."

"안 된다. 공부를 잘해야 훌륭한 사람이 될 수 있단다."

"특별활동 시간에 하는 거라 공부할 시간을 뺏기지는 않는대요."

찬호는 며칠을 졸랐어요. 마침내 부모님은 찬호의 고집에 두 손 두 발을 들고 말았죠. 지금보다 공부를 더 열심히 한다는 조건으로 찬호가 육상부에 가입하는 것을 허락하셨습니다. 찬호의 운동선수 생활은 이렇게 초등학교 3학년 때부터 시작되었습니다.

육상부는 훈련이 그리 많지 않았어요. 대회에 참가할 때만 종종 훈련을 하는 정도였죠. 중동초등학교 육상부는 성적이 부진했어요. 대회에도 자주 나가지 않았죠. 그래서 찬호는 육상에 그리 큰 흥미를 느끼지 못했어요.

찬호는 어릴 때부터 지는 걸 몹시 싫어했어요. 형제들에게도 지지 않으려고 노력했어요. 형제들이 하는 건 무조건 해야 하는 성격이었답니다.

찬호는 3남 1녀 중 세 번째였어요. 그런데 덩치는 한 살 터울의 형보다 컸어요. 찬호의 형인 상준이는 운동을 아주 잘했어요. 합기도, 태권도, 유도 등 못하는 운동이 없었죠.

찬호의 동생인 현용이는 공부를 아주 잘했어요. 붓글씨 솜씨도 뛰어났죠. 붓글씨 전국대회에서 최우수상을 받았을 정도였으니까요.

찬호는 운동은 형보다, 공부는 동생보다 더 잘하고 싶었어요. 그래서 시도 때도 없이 부모님께 학원에 보내달라고 떼를 썼죠.

"서예 학원에 가고 싶어요."

"주산도 배우고 싶어요."

"태권도 도장에 보내주세요."

"웅변도 배우고 싶어요."

부모님이 반대했지만 허락할 때까지 물러서지 않았어요. 덕분에 찬호는 어릴 때 태권도, 서예, 주산, 웅변 등 많은 것을 익힐 수 있었죠.

부모님은 찬호가 고집을 부려도 나무라지 않았습니다.

"허허, 그 녀석 참…… 황소고집이야."

처음에는 반대하다가 마지막에는 못 이기는 척 찬호의 부탁을 들어주곤 하셨지요. 부모님은 찬호가 큰 인물이 될 아이라는 걸 알고 계셨나 봐요.

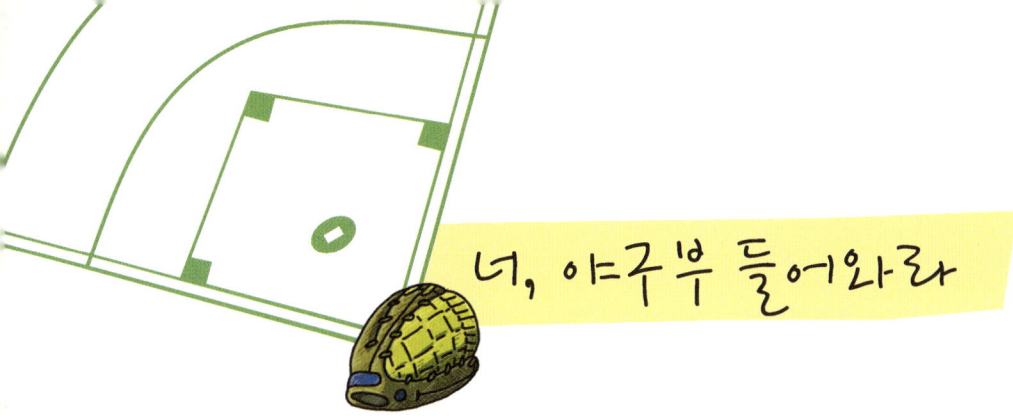

너, 야구부 들어와라

찬호가 4학년이 되자 야구를 하라고 권하는 사람들이 생겼어요.

학교 근처에서 전파상을 하는 아저씨가 가장 적극적으로 권했죠. 야구부 후원회원이었던 아저씨는 야구를 잘할 만한 어린이를 찾고 있었는데 아저씨 눈에 찬호가 들어온 거죠.

찬호는 어깨가 튼튼하고 손가락도 길었어요. 그리고 발까지 빨랐으니 좋은 야구 선수가 될 모든 조건을 갖추고 있었죠.

어느 날 찬호가 전파상 앞을 지나고 있는데 아저씨가 반갑게 불렀어요.

"찬호야! 야구 한번 해보지 않을래?"

찬호는 선뜻 대답을 하지 못했어요.

"부모님께 여쭤 볼게요."

찬호는 부모님 핑계를 댔지만 사실 야구가 하고 싶었어요. 멋있는 유니폼을 입고 훈련하는 선수들이 너무나 부러웠죠. 무엇보다 야구 선수가 되면 간식을 배불리 먹을 수 있을 것 같았어요.

찬호는 어렸을 때 식탐이 많았나 봅니다.

하지만 야구부는 훈련이 매우 힘들고, 선수들이 감독님에게 혼나는 장면도 봤기 때문에 겁도 났어요. 그래서 부모님께 말도 못하고 혼자서 끙끙댔지요.

이번엔 전파상 아저씨가 집으로 찾아 왔어요. 찬호의 아버지는 한숨을 푹 쉬셨죠.

'저번에는 육상, 이번에는 야구, 너무 잘난 아들을 둔 건가?'

"야구 한번 시켜 보세요. 큰 선수가 될 거예요."

"야구가 얼마나 힘든 운동인데 그런 말씀을 하십니까? 공부나 시켜야겠습니다."

아저씨가 돌아간 뒤 아버지는 찬호를 방으로 불렀어요.

"꼭 야구를 해야겠니?"

"꼭 하고 싶어요."

찬호의 눈망울이 더없이 똘망똘망 했어요. 저런 눈을 하고 있으면 찬호의 고집을 아무도 꺾을 수 없답니다.

아버지는 더 이상 말릴 수 없다는 것을 알았죠.

"좋다. 그렇다면 한 가지 약속을 해라."

"예!"

대답이 얼마나 우렁차던지 아버지도 깜짝 놀랄 지경이었습니다.

찬호가 아버지에게 한 약속은 '초등학교 때까지만 취미 삼아 야구를 하고 중학교에 들어가면 공부만 열심히 한다' 는 것이었죠.

그런데 육상부에서 펄쩍 뛰었어요. 최고의 육상 선수를 야구부에 빼앗길 수는 없었거든요.

"뭐! 찬호를 야구부로 데려간다고?"

육상부 코치님은 조금도 양보하지 않았어요. 야구부 감독님도 육상부 코치님의 기세에 눌려 이러지도 저러지도 못하고 눈치만 살폈지요.

해결이 되지 않자 이번에는 교장 선생님이 팔 벗고 나섰어요.

"찬호를 야구부에 보내는 것이 학교 발전에 도움이 됩니다."

교장 선생님의 한마디에 찬호는 야구부 유니폼을 입을 수 있었어요.

찬호는 3루수에 2번 타자를 맡았어요.

"으아악."

"똑바로 못하겠어!"

찬호는 날아오는 공이 무서워 그만 소리를 지르고 말았죠. 원래 3루수 쪽으로 빠른 공이 많이 날아오거든요.

실수를 많이 해서 감독님께 혼이 나기도 했어요. '그만 둘까?' 하는 생각도 생겼어요. 그런데 이미 야구부에 입단한 아이들의 당당한 표정을 보니 오기가 생겼죠.

'그래, 끝까지 한번 해보자. 누가 이기나.'

찬호는 다시 마음을 가다듬고 성실히 훈련했어요.

찬호가 6학년이 되면서 드디어 중동초등학교 야구부는 전국에서 최고의 실력을 갖춘 팀으로 발전했어요.

그해 중동초등학교는 경기에 나가기만 하면 이겼어요. 가을 대회에서 딱 한 번 졌을 뿐이죠.

　공을 겁내던 찬호는 3루수 겸 1번 타자로 뛰어난 활약을 했어요. 각종 대회에서 타격상을 받기도 했지요. 찬호에게 '최고의 3루수'라는 칭찬이 쏟아졌어요.

　호랑이 같던 감독님도 찬호에게는 칭찬을 아끼지 않았죠.

　"너는 세계적인 야구 선수가 될 거다. 그러기 위해서는 자신을 이기는 게 우선이다."

　찬호는 감독님의 그 말씀을 가슴속 깊이 새겨들었습니다.

공부는 안 하고 운동만 한다고?

'내가 살아가야 할 곳은 좁은 우물이 아니라 넓은 바다다.'

찬호는 야구 경기를 하기 위해 서울에 자주 갔어요. 아주 어렸을 때 서울에 가본 적은 있지만 철들고 서울에 간 것은 초등학교 야구 선수 때가 처음이었죠.

"이야! 만화에서 본 것과 똑같네."

서울에 갔을 때 찬호는 정신을 차릴 수 없었답니다.

모든 게 신기했어요. 도시를 밝히는 화려한 불빛, 높이 치솟은 빌딩, 줄지은 자동차의 물결……

공주와는 비교가 되지 않았어요. 찬호에겐 이곳이 피터팬에 나오는 환상의 섬 네버랜드 같았죠.

찬호는 주눅이 들었어요. 어린 나이에도 자신이 초라하다는 것을 느낀 거죠.

"쟤들 유니폼 좀 봐. 멋진데!"

서울 선수들이 입고 있는 야구 유니폼은 찬호의 넋을 빼 놓았습니다. 자신이 입은 유니폼이 공주에서는 최고로 멋졌는데 서울에서는 마치 허수아비가 입은 옷 같았죠.

'서울 선수들은 왕자님 나라에, 우리는 거지 나라에 살고 있는 것 같아.'

찬호는 서울에 푹 빠져 버렸죠. 눈을 감아도 서울의 풍경이 선명하게 떠올랐던 거예요.

'최고의 야구 선수가 되기 위해서는 서울로 가야 해!'

찬호는 이를 악물고 야구 연습을 했어요. 조건이 좋은 서울에서 마음껏 야구를 하고 싶었기 때문이었죠. 그 당시 공주에서 서울에 있는 고등학교나 대학으로 진학하기는 결코 쉽지 않았거든요.

부모님은 목표가 생기자 무섭게 야구에만 매달리는 찬호를 걱

정했어요.

"야구는 취미삼아 하기로 했잖니?"

"걱정 마세요. 공부도 열심히 하고 있으니까요."

찬호는 거짓말을 했지만 조금만 하면 공부는 금세 따라잡을 수 있다고 생각했어요. 부모님도 찬호를 믿었어요. 어떤 일이든 스스로 알아서 잘해왔고, 중학교에 가면 야구를 그만둔다고 약속했으니까요.

사실 찬호는 야구에 푹 빠져 공부할 시간이 별로 없었어요. 대회에 자주 출전해야 했기 때문에 수업을 빼먹는 날이 많았죠. 그러다 보니 자연히 책과는 멀어지게 됐어요.

그러다 중학교 진학 시험 성적표를 받고 깜짝 놀랐어요.

"이럴 수가! 이게 정말 내 성적이란 말이야?"

찬호는 성적표를 멍하게 바라보았죠. 상상도 못한 점수가 나온 것이에요. 공부는 늘 자신이 있었기에 충격이 이만 저만이 아니었죠. 마치 벼락에 맞은 것같이 정신이 하나도 없었어요.

찬호는 성적표를 들고 곧장 화장실로 갔어요. 벽에 걸린 거울을 보니 바보 찬호가 있었죠.

'바보! 꼴찌를 겨우 면했네. 이것도 성적이라고······.'

거울 속의 또 다른 찬호가 그렇게 비웃고 있었어요. 순간 울화가 치밀어 올랐어요.

"짝! 짝! 짝!"

찬호는 거울을 보면서 계속해서 자신의 왼쪽, 오른쪽 뺨을 번갈아 때렸어요. 얼굴이 화끈거리면 세수를 하고 다시 세차게 뺨을 때렸죠. 몇 번이나 반복하다 바닥에 주저앉아 엉엉 울었어요.

찬호는 무엇보다 자신을 믿었던 부모님을 실망시킨 것이 부끄러웠어요. 그리고 바보 같은 자신이 무척 미웠죠.

'운동을 해야 하나, 공부를 해야 하나.'

찬호는 중학교 진학을 앞두고 선택을 해야 했어요. 며칠 동안 깊이 고민했어요. 마침내 찬호는 부모님께 자신의 각오를 밝혔어요.

"야구를 하겠습니다."

"뭐? 중학교에 가면 공부하기로 했잖니. 우리를 실망시키지 마라."

찬호가 몇 날 며칠을 졸라도 부모님은 뜻을 굽히지 않으셨어요.

그런데 찬호가 누구입니까. 한번 마음먹은 것은 꼭 이뤄내는 고집쟁이 친구잖아요.

부모님은 이번에도 찬호의 고집에 항복했어요.

"이왕 야구를 시작했으니 끝장을 봐야 한다. 세계 제일의 야구 선수가 되어라."

부모님은 찬호의 등을 토닥이며 격려를 아끼지 않았어요. 찬호는 부모님과 손가락을 걸고 맹세했지요. 최고의 투수가 되겠다고 말이에요.

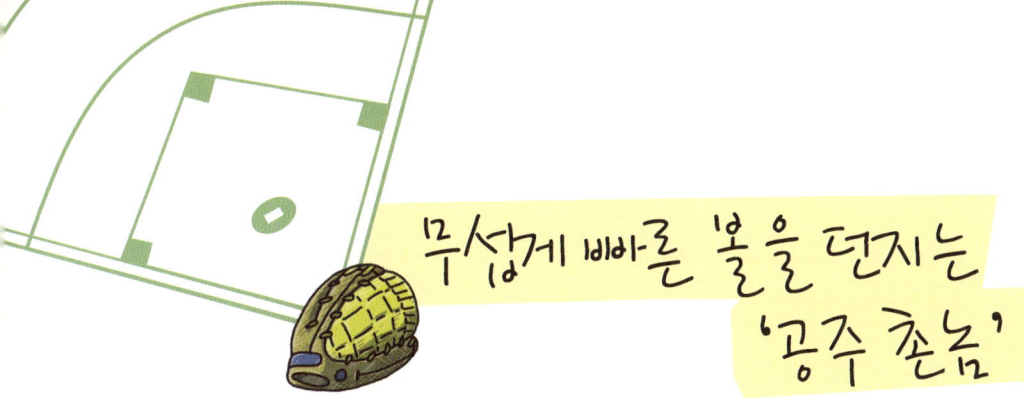

무섭게 빠른 볼을 던지는 '공주 촌놈'

찬호는 공주중학교에 입학하면서 '영원한 스승'인 오영세 감독님을 만났어요.

감독님은 엄했습니다. 선수들에게 지독한 훈련을 시키기로 유명했죠.

"야구 선수는 체력이 좋아야 한다."

감독님은 선수들에게 산을 뛰어다니며 체력을 키우라고 강조했어요. 찬호는 공주 근처의 산은 빼놓지 않고 다 올랐어요. 덕분에 찬호는 지금도 눈을 감으면 자신이 뛰어다녔던 산길이 파노라마처럼 떠오른답니다.

찬호는 1학년 때 3루수로 뛰었어요. 누구보다 열심히 훈련을 하다 보니 항상 꼴찌로 집에 갔죠.

감독님은 그런 찬호를 매우 좋아했어요. 어느 날 찬호가 개인 훈련을 끝내고 집으로 가려는데 감독님의 목소리가 들렸습니다.

"찬호! 이제 가니?"

"으악!"

찬호는 두 번 놀랐어요. 아무도 없는 줄 알았는데 갑자기 감독님이 불러서 깜짝 놀랐고 평소에 무섭고 엄한 감독님이 다정한 목소리로 불러서 한 번 더 놀랐죠.

감독님은 늦게 훈련을 끝낸 찬호를 자전거에 태우고 집에 데려다 주었어요. 감독님은 한적한 시골길을 달리며 찬호에게 숱한 경험담을 들려주셨죠. 어떻게 훈련해야 하는지도 말해주셨어요.

"개인 훈련을 많이 해야 빨리 좋은 선수가 될 수 있단다."

자전거 뒤에 앉아 있으니 감독님이 마치 삼촌 같았어요. 삼촌 같은 감독님의 말을 꼭 들어야겠다고 생각했죠. 그래서 그런지 아직도 찬호의 좌우명은 '개인 훈련'이랍니다.

"투수 해보고 싶지 않니?"

감독님은 불쑥 찬호에게 투수를 해보라고 권했어요.

감독님은 키가 크고 어깨가 좋은 찬호가 투수가 되면 크게 성공할 거라고 판단한 거예요.

게다가 감독님은 찬호가 3루에서 1루로 총알 같은 공을 던지는 모습을 여러 번 보았거든요.

훈련을 많이 해서인지 팔꿈치가 조금 아팠던 찬호는 선뜻 대답을 하지 못했어요. 투수를 하면 혹시 더 아픈 것이 아닌가 하는 생각이 들어서였죠. 그래도 시켜만 주면 누구보다 빠른 볼을 던질 자신은 있었어요.

2학년을 마칠 무렵 감독님이 찬호를 불렀어요. 마침 주전 투수가 다쳐 찬호를 투수로 만들려고 결심한 것이었어요.

"내일부터 투수 훈련할 준비해라."

찬호는 존경하는 감독님을 믿었어요. 찬호는 감독님의 말은 곧 하느님의 말이라고 생각했거든요.

찬호가 처음 투수로 데뷔한 경기는 3학년 초에 열린 소년체전 평가전이었어요. 찬호는 떨리는 가슴을 가라앉히며 힘껏 공을 던졌어요. 하지만 찬호의 공은 위력이 없었어요. 공주중학교는 큰 점수 차로 지고 말았죠.

"어떻게 금방 투수가 된 선수를 내보낼 수 있습니까? 찬호를 너무 봐주는 것 아니에요?"

학교 관계자와 학부모들은 볼멘소리를 했어요.

그래도 감독님은 소신을 굽히지 않았어요. 주위의 반대에도 불구하고 신출내기 투수 찬호를 자주 기용했죠. 찬호가 반드시 투수로 성공하리라는 확신이 없었더라면 그렇게 하지 못했을 거예요.

어느 날 감독님이 불쑥 찬호네 집을 찾아왔어요.

"학교를 떠나게 됐습니다."

"예?"

부모님은 화들짝 놀랐어요. 부모님은 감독님이 떠나는 이유를 짐작하고 있었죠.

"찬호가 야구를 안 했더라면 이런 일도 없었을 텐데…… 감사하고 죄송해서 고개를 들 수 없군요."

"아닙니다. 제가 보기엔 찬호는 최고가 될 소질을 타고 났습니다. 거기다 성실하기도 하고요."

그리고 찬호의 등을 두드리며 말했어요.

"찬호야! 어떤 어려움이 있더라도 포기하지 말고 열심히 해야 한다."

"……."

찬호는 대답 대신 눈물로 감독님을 배웅했어요.

감독님은 찬호를 자주 등판시킨다고 불평하는 관계자와 학부모들에게 맞서다가 결국 그만둔 것이에요.

찬호는 당당하게 떠나가신 감독님을 생각하며 열심히 몸과 마음을 단련했어요. 하루도 빠지지 않고 야간훈련을 했죠. 그것이 감독님에 대한 보답이라고 생각했어요.

"다칠라. 그만해라."

"조금만 더 하겠습니다."

찬호는 학교 운동장이 문을 닫을 때까지 훈련했어요. 그리고는 또 집 근처에서 밤늦게까지 투구와 타격 훈련을 하곤 했죠.

찬호는 우연한 기회에 TV에서 미국프로야구 메이저리그의 전설적인 투수 놀란 라이언의(Nolan Ryan)이 공을 던지는 모습을 보았어요.

'어떻게 저렇게 빠른 공을 던질 수 있지?'

처음 잡은 야구공 강속구를 던지다

찬호는 발을 높이 올리는 투구 자세인 하이킥에서 뿜어져 나오는 놀란 라이언의 160킬로미터짜리 강속구에 매료되고 말았어요. 그때부터 찬호는 '라이언 앓이'를 했죠. 놀란 라이언은 최고 시속 109마일(161.44킬로미터)의 공을 던져 기네스북에 '세계에서 가장 빠른 볼을 던지는 사나이'로 기록돼 있던 선수예요.

160킬로미터는 타자가 눈으로 보고서는 칠 수 없는 빠른 속도입니다. 그래서 160킬로미터가 넘는 공을 던지는 투수는 더 특별히 대우해 준답니다.

찬호는 비디오테이프를 보면서 놀란 라이언의 하이킥을 연구했어요. 마침 동네 형이 투수 교본인 『놀란 라이언의 피치 바이블』을 가지고 있었어요. 찬호는 빼앗다시피 그 책을 얻어낸 후 너덜너덜 해질 정도로 읽었죠. 그 책을 보면서 연습하다 그대로 쓰러져 잠든 적도 있었답니다.

"으라차차!"

찬호가 옥상에서 소리치며 발을 높게 들어올리면 아래층에서는 형들이 소리쳤어요.

"잠 좀 자자. 잠!"

찬호는 똘망똘망한 눈을 굴리며 더욱 열심히 하이킥을 했죠. 형제들은 귀를 막고 잠을 청할 수밖에 없었어요.

"쟤 찬호 맞아? 와! 공이 총알이네."

3학년 중반부터 찬호는 부쩍 빠른 공을 던졌어요. 제구력은 별로였지만 스피드만큼은 따라올 선수가 없었죠. 중학교를 졸업할 무렵엔 120킬로미터대의 공을 던졌어요. 성인 남자도 던지기 힘든 속도예요. 공주고와 천안북일고는 찬호를 서로 데려가려고 티격태격 했지요.

"스피드를 조금만 늘리면 프로에서도 통하겠어."

찬호의 투구를 본 사람들은 모두 칭찬을 아끼지 않았어요.

찬호는 1년 만에 공주 최고의 투수가 된 거죠. 큰 키와 타고난 어깨 그리고 숱한 노력이 더해져 투수로 빠르게 성장할 수 있었어요.

찬호는 강속구를 던지는 데 결정적인 도움을 준 사람은 바로 아버지라고 생각했어요. 찬호 가족은 어릴 때 전파상이 딸린 다락방에 살았어요. 형제들은 모두 개구쟁이였지요. 작은 집에서 장난을 치니 항상 소란스러웠어요.

장난이 심해지면 아버지는 형제들을 불러 모았어요. 그리고는 호통을 치는 대신 기합을 줬어요.

"팔굽혀펴기 100번 실시!"

처음에는 10개도 힘들었지만 자꾸 하다 보니 100개도 거뜬하게 해낼 수 있었어요. 찬호는 어릴 때부터 팔굽혀펴기를 한 덕분에 어깨가 강한 것이라고 생각한답니다. 지금도 찬호는 하루도 쉬지 않고 매일 팔굽혀펴기를 하고 있어요.

할아버지는 언제나 내 편

찬호가 태어나고 얼마 지나지 않은 어느 날이었어요.

어머니가 마당에서 빨래를 하고 있는데 마침 지나가던 스님이 똑! 똑! 똑! 목탁을 두드렸어요. 어머니가 일어서서 합장을 하자 스님은 환한 표정으로 말했어요.

"큰 인물이 될 아들이 있습니다."

"예? 우리 집에 아들이 세 명이나 있습니다."

"세 명 가운데 유별난 행동을 하는 아들입니다. 그런데 이름이 좋지 않으니 바꾸어야겠습니다."

어머니는 할아버지께 스님의 이야기를 했습니다. 그러자 대뜸 할아버지는 "헌호의 이름을 바꾸자"고 했어요. 헌호는 찬호의 원래 이름이었죠.

부모님은 계속 헌호로 부르자고 말하고 싶었어요. 그런데 할아버지의 뜻이 워낙 완고해 이름을 바꾸었답니다.

"우리는 충주 박씨고……."

할아버지는 글도 못 읽는 어린 찬호 형제들을 앉혀 놓고 집안 내력에 대해 말씀하시곤 했어요. 제사 지내는 법도 가르쳐 주셨지요.

"가족은 서로 믿고 사랑해야 한다."

할아버지는 평소 가족의 화합을 강조하셨어요. 설이나 추석 등 명절에는 온 가족이 모두 모여 도란도란 이야기를 나누었어요. 비록 가난했지만 찬호는 화기애애한 분위기에서 성장했어요.

할아버지는 찬호의 정신적인 지주였어요. 할아버지도 유독 찬호를 좋아했어요. 찬호의 체격이나 운동신경이 할아버지를 쏙 빼닮았기 때문이었죠.

"할배랑 산에 갈래?"

졸린 눈을 비비며 찬호가 대답했습니다.

"조금 있다 가면 안 돼요?"

이른 아침부터 할아버지가 어린애처럼 산에 가자고 조르는 바람에 찬호는 어쩔 수 없이 일어나서 산에 오르곤 했어요.

"망치 같이 생긴 막대로 공을 쳐서 작은 골문에 집어넣으면 점수가 나지."

할아버지는 시간이 날 때마다 게이트볼 규칙도 자세하게 가르쳐 주었어요.

찬호는 할아버지와 오목도 자주 두었어요. 찬호는 오목을 잘 둘 줄 몰랐으면서도 할아버지한테 이기려고 억지를 부리기도 했어요. 찬호는 무엇이든 지는 게 싫었거든요.

"찬호, 공부 잘하니?"

찬호가 한양대에 다닐 때도 전화를 걸면 할아버지는 매번 똑같은 말로 이야기를 시작했어요. 손자가 공부를 열심히 하느냐고 물은 뒤 다른 이야기를 하시곤 했죠.

방학 때 공주로 내려가면 찬호를 제일 반기는 사람도 할아버지였어요.

"찬호, 통닭 사줄까?"

이처럼 할아버지의 찬호 사랑은 끝이 없었어요.

다저스에 입단하기 위해 미국으로 가던 날이었어요.

"미국 가서도 절대 서양 사람들에게 져서는 안 된다."

할아버지는 손자의 손을 잡고 몇 번이나 당부를 했어요. 국제 경기에 나갈 때도 "일본은 꼭 이겨야 한다"고 말하곤 했죠.

찬호는 메이저리그에서 뛰면서 할아버지의 말씀을 실천하려고 노력했어요.

1999년 6월 6일, LA에 있는 야구장인 로스엔젤레스 다저스타디움에서 다저스와 애너하임 엔젤스의 경기가 열렸어요.

다저스의 초청을 받은 할아버지와 부모님이 다저스타디움 귀빈실에서 찬호가 선발투수로 나온 경기를 보고 있었어요.

그때 할아버지는 갓을 쓰고 도포를 입은 선비 차림으로 관전했답니다. 이런 할아버지의 모습이 신기했는지 미국 TV도 큰 관심을 보였어요. 그래도 할아버지는 조금도 움츠러들지 않았죠. 할아버지는 항상 한국인임을 자랑스럽게 생각했어요.

그날 찬호는 상대 팀 투수와 싸움을 벌였습니다. 5회에 번트를 대고 1루로 달리는데 상대팀 투수가 글러브로 찬호의 가슴을 세

게 쳤기 때문이죠. 누가 봐도 고의적이었어요. 찬호는 즉각 항의했죠. 그러자 그 투수는 욕설을 내뱉었어요.

찬호는 용서할 수가 없었어요. 초등학교 때 배운 태권도 실력으로 이단옆차기를 날렸습니다. 양 팀 선수들이 우르르 쏟아져 나왔고 심판이 말려 사태는 겨우 진정이 됐어요.

"박찬호 퇴장!"

주심은 소동을 일으킨 찬호에게 퇴장을 명령했어요. 미국 프로야구에서 발차기는 특별히 금지하는 동작이기 때문에 찬호가 더 큰 벌을 받은 거예요. 야구화 바닥이 쇠로 되어 있어서 주의해야 해요.

퇴장은 당했지만 찬호는 당당했어요. 할아버지 앞에서 자신을 깔보는 미국 선수를 혼내주었으니까요.

2000년 1월 어느 날 찬호에게 전화가 걸려왔어요. 수화기에서 어머니의 힘없는 목소리가 들렸어요.

"찬호야, 할아버지께서 돌아가셨단다."

찬호는 그 자리에 털썩 주저앉아 한동안 엉엉 울었어요. 항상 넘치는 사랑을 주신 할아버지를 다시는 못 본다고 생각하니 가슴이 먹먹했어요. 그리고 서둘러 귀국해 할아버지를 눈물로 보내드렸어요.

　아직도 공주 시내 곳곳에는 찬호가 할아버지를 업고 찍은 사진이 걸려 있답니다. 효를 중요시하는 공주의 이미지와 잘 어울려서 공주시가 그 사진을 홍보물로 선정한 거죠.

박찬호 영광의 순간 1

1994. 4. 2

　메이저리그는 130년이 넘는 역사를 가지고 있고, 미국인이 좋아하는 4대 스포츠의 하나입니다. 미국의 대통령도 메이저리그 시구를 하러 자주 나올 정도로 전 미국 국민이 열광하는 스포츠입니다. 연봉도 어마어마해서 야구 선수라면 꼭 한 번 뛰어보고 싶어 하는 꿈의 리그입니다.

　우리나라도 1982년 프로 야구가 개막하고 엄청난 인기를 끌면서 국민 스포츠가 되었습니다. 프로 야구 원년에 22연승을 올리며 엄청난 인기를 끈 박철순 선수도 미국에서 선수 생활을 했는데 메이저리그 팀 산하에 있는 트리플 A팀에서 뛰었습니다. 우리나라 최고의 투수인 최동원, 선동열 선수도 메이저리그로 간다는 이야기가 있었지만 끝내 무산되었기에 한국인에게 메이저리그는 더욱 더 꼭 한 번은 가보고 싶은 그런 곳이 되었습니다.

그런데 1994년 박찬호 선수가 메이저리그로 간 것입니다. 마이너리그에서 실력을 인정받고 나서 메이저리그에 데뷔하는 경우가 대부분인데, 박찬호 선수는 한국의 대학을 다니다가 프로 경험도 한 번 없이 바로 메이저리그에 들어갔습니다. 미국 내에서도 17번째 일이었고, 외국인으로는 처음 있는 일이었습니다.

그날, 온 국민은 꿈을 이뤘다며 자신의 일처럼 좋아하였답니다.

네 번째 이야기

세 번째 이야기

첫 번째 이야기

다섯 번째 이야기

두 번째 이야기

세계의 넓은
그라운드를 꿈꾸다

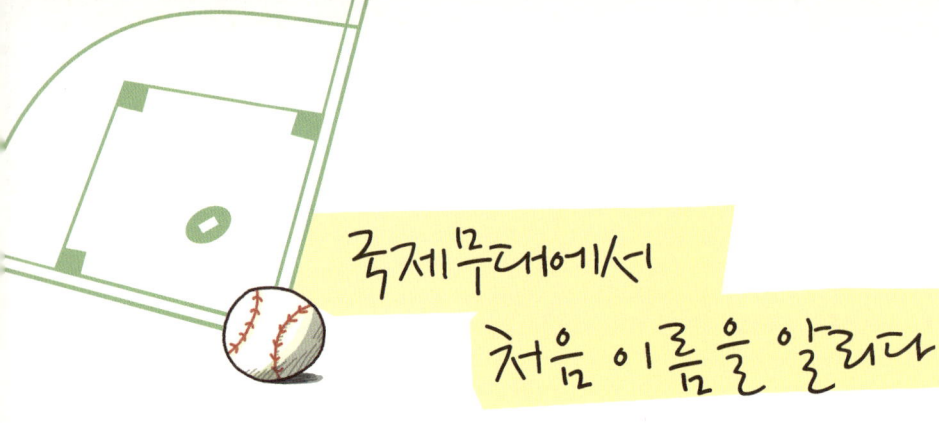
국제무대에서 처음 이름을 알리다

찬호가 공주고 3학년이던 1991년 여름이었습니다.

감독님이 찬호를 불렀습니다.

"찬호, 축하해."

"예?"

"청소년 대표에 선발됐어!"

"정말입니까! 감사합니다. 고맙습니다."

찬호는 날아갈 듯한 기분이었습니다. 꿈인가 생시인가 싶어 얼굴을 꼬집어보기도 했지요.

"아야! 꿈이 아니네."

공주고는 찬호가 2학년 때 전국대회에서 두 번이나 우승을 차지했습니다. 다음 해도 공주고는 모든 전국 대회에서 우승할 수 있다는 평가를 받을 만큼 전력이 막강했어요.

그러나 공주고는 예상을 뒤엎고 성적이 좋지 않았습니다. 감독님이 자주 바뀐 데다 팀워크가 흔들렸기 때문이었어요.

전국대회 지역예선에서 라이벌인 천안북일고에게 번번이 졌습니다.

찬호는 설상가상으로 3학년으로 올라가기 전에 왼쪽 무릎을 다쳐 열두 바늘을 꿰매기도 했습니다. 부상으로 한동안 쉰 후 지독하게 훈련에 매달리긴 했지만 청소년 대표는 꿈꿀 수 없었습니다. 잘할 자신은 있었지만 아무리 생각해도 대표팀에 뽑히지는 못할 것 같았습니다. 그런데 찬호를 유심히 지켜보던 사람들이 있었습니다. 찬호를 데려가고 싶었던 야구 명문 한양대의 관계자가 찬호를 청소년 대표팀에 추천해 주었던 것입니다.

찬호는 1991년 9월 초 비행기를 타고 미국으로 갔습니다. LA 롱비치대학에서 열린 한미일 굿윌(Goodwill) 대회에 참가하기 위해서였죠.

찬호가 비행기를 탄 것은 그때가 처음이었습니다. 서울만 가도 어리벙벙하던 '공주 촌놈'이 미국에 갔으니 정신이 없었죠. 게다가 가슴에 첫 태극마크를 달았으니 감격은 배가 되었습니다.

당시 청소년 대표팀의 멤버는 화려했습니다. 그중에서도 찬호의 라이벌인 투수 조성민, 임선동은 단연 돋보였습니다.

'이번 기회에 반드시 이름을 알려야 한다.'

찬호는 중학교 때부터 라이벌로 생각했던 조성민과 임선동보다는 빼어난 성적을 거두고 싶었습니다. 훈련 때도 제일 먼저 나가 제일 늦게 숙소로 돌아왔습니다.

경기를 며칠 앞두고 안병환 청소년 대표팀 감독이 찬호를 불렀습니다.

"잘할 수 있겠냐?"

찬호에게 많은 기회를 주겠다는 암시와도 같았습니다.

찬호는 대답 대신 고개를 끄덕였습니다.

청소년 대표팀에는 뛰어난 투수들이 많았습니다. 하지만 안 감독님은 무엇이든 열심히 하는 찬호에게 신경을 써 주었습니다. 찬호의 성실성과 실력을 한눈에 알아본 거죠.

대회 첫날 청소년 대표팀은 일본, 미국과 두 경기를 치렀습니다. 찬호는 개막전인 일본전에 선발로 나가 6회를 던졌습니다. 가슴에 태극마크를 달고 던지니 더욱 힘이 났습니다. 청소년 대표팀이 3 대 2로 승리를 거둬 찬호는 승리투수가 되었습니다.

　두 번째 미국전에는 조성민이 선발, 임선동이 구원으로 나섰습니다. 그런데 8회말 7 대 8로 뒤진 상태에서 해가 져서 경기가 다음 날로 미루어졌어요.

　"찬호! 내일 경기에 나갈 준비해."

　안 감독님은 믿음직한 찬호를 다시 기용했습니다. 찬호는 다음 날 9회 초에 등판했습니다. 미국 타자들은 찬호의 공을 제대로 맞추지 못했고, 세 명 모두 힘없이 물러났어요.

　9회 말이 되었습니다.

　4번 타자로 나간 찬호는 투 스트라이크에 힘껏 배트를 휘둘렀습니다. 빗맞았으나 공이 크게 튀어 오르면서 행운의 안타가 되었습니다. 마침 3루에 있던 주자가 뛰어 들어와 8 대 8 동점이 되었습니다. 이어 후속 타자의 안타가 터져 찬호는 결승점까지 뽑았습니다. 그날 승리의 주역은 찬호였습니다.

찬호가 2승을 올리자 안 감독님의 신뢰는 더욱 깊어졌습니다. 안 감독님은 미국과의 2차전에도 찬호를 선발로 내보냈죠. 미국 타자들은 찬호의 공에 계속 헛방망이질만 하다가 들어와야 했죠. 청소년 대표팀은 찬호가 잘 던진 덕분에 17 대 0으로 크게 이겼습니다.

마침내 청소년 대표팀은 4전 전승으로 우승했습니다. 찬호는 그중 3승을 거뒀습니다. 이렇게 찬호의 이름은 미국에서부터 알려지기 시작했습니다. 작은 기사지만 박찬호라는 이름이 신문에 나온 것도 그때가 처음이었습니다.

굿윌 대회에는 세계 최고의 야구 무대인 메이저리그 관계자들도 많이 보러 온답니다. 그들의 임무는 미국 유망주 선수들의 실력을 관찰하는 것이었어요. 한국이나 일본 선수들은 안중에도 없었지요.

하지만 관계자들은 엄청나게 빠른 볼을 던지는 찬호에게 흠뻑 빠져들고 말았습니다.

"저 체구에서 어떻게 저렇게 빠른 볼을 던질 수 있지? 놀라워."

찬호는 당시 키는 컸으나 몸은 호리호리했거든요.

LA다저스라는 야구단에서 온 관계자는 그때 '찬호를 데리고 가야겠다'는 결심을 했다고 합니다.

　2008년에도 그때를 기억하는 동료 선수가 있었습니다. 그 선수는 찬호를 보고 "굿윌 대회 때 너의 투구는 언터처블(untouchable: 칠 수 없는 공)이었다"며 엄지손가락을 세웠다고 합니다.

　찬호는 굿윌 대회를 통해 큰 자신감을 얻었습니다. 한국의 내로라하는 타자들은 물론 미국과 일본 타자들도 상대할 수 있다는 것을 스스로 증명했기 때문이었죠.

메이저리그라는 거대한 꿈

청소년 대표팀은 굿윌 대회 기간 동안 LA야구동호회 회원 집에서 민박을 했습니다. 대부분의 선수들은 고교 선배집에 배정되었습니다.

찬호는 한서고에 다니던 김영복이라는 선수와 함께 청소년 대표팀 후원 책임자인 스티브 김의 집에 머물게 됐습니다. 그곳에 아는 선배가 없었기 때문이었죠. 나중에 스티브 김은 찬호의 첫 에이전트(계약 등의 업무를 대신 해주는 사람)가 돼 많은 도움을 주었습니다.

찬호는 메이저리그 경기를 직접 보고 싶었어요. 다저스타디움에서 경기를 볼 수 있도록 해달라고 감독님을 졸랐습니다. 그래서 쉬는 날 전체 선수들이 경기를 보기로 했습니다.

찬호는 영복이와 스티브 김의 차를 얻어 타고 다저스타디움으로 갔습니다. 마음이 조급해서 그런지 그곳이 엄청나게 멀게만 느껴졌습니다. 너무 좋아서 마음을 진정시킬 수 없었습니다. 얼굴도 붉어지고 가슴도 콩닥콩닥 뛰었죠.

"미국 오니까 서울 사는 니가 더 촌놈 같아."

찬호는 영복이에게 일부러 농담을 하며 두근거리는 가슴을 진정시켰습니다.

10분 후 다저스타디움에 도착했습니다.

"와!"

찬호는 자기도 모르게 소리를 지르고 말았습니다. 야구장이 마치 외계인이 타고 온 비행접시 같았거든요.

바다만큼이나 넓은 주차장에 입이 딱 벌어졌습니다. 끝이 보이지 않았어요. 모양도 제각각인 차들에 찬호는 완전히 압도당하고 말았지요.

"미국이 자동차의 나라란 말이 맞군!"

찬호는 주차장이 주는 위압감을 떨쳐버리려고 혼자서 중얼거렸습니다.

찬호는 야구장에 들어가서 또 한 번 주눅이 들었습니다. 수많은 외국인들이 알아들을 수 없는 말을 쏟아내고 있었기 때문이었죠.

'나도 스타가 되면 저들이 우러러보겠지.'

찬호는 양어깨에 힘을 주고 호기를 부렸습니다. 그러자 마음이 좀 가라앉았습니다.

넓고 긴 복도를 따라 걸어가다 계단을 통해 관중석에 올라갔습니다. 휘황찬란한 불빛이 비단결 같은 녹색 그라운드를 비추고 있었어요. 외야석 뒤로는 하늘을 찌를 듯한 큰 키의 야자수들이 너울너울 춤을 추었죠. 찬호는 그것이 자신을 환영하는 것 같은 착각에 빠졌습니다.

'야구를 하려고 만들어 놓은 운동장이 이렇게 아름다울 수 있을까.'

찬호는 야구장이 그림보다 더 아름답다는 사실이 믿기지 않았습니다. 비로소 말로만 듣던 '꿈의 구장'이 실감 났습니다. 천국이 따로 없었던 거죠.

세계의 넓은 그라운드를 꿈꾸다

찬호는 경기가 시작되기 전 영복이와 함께 기념품 상점에 가기로 했습니다. 전날 청소년 대표팀 단장님이 준 100달러를 손에 꼭 쥐고 주위를 두리번거리며 상점을 찾았습니다.

"도대체 상점이 어디야!"

가도 가도 상점은 보이지 않았습니다. 미로 같은 곳을 한참 헤맸지만 찾지 못해 스티브 김이 구단 직원에게 물어 간신히 상점의 위치를 알아냈습니다.

"엘리베이터를 타고 9층으로 가면 있대."

"예? 야구장에 무슨 엘리베이터가…… 말도 안돼요."

스티브 김은 그저 웃기만 했습니다.

찬호는 엘리베이터를 타고 상점에 도착했습니다. 진열장에는 다저스에 관련된 상품들이 수도 없이 많았죠. 마음 같아선 다 사고 싶었지만 달랑 100달러밖에 없었으므로 하나를 골라야 했습니다.

두리번거리며 살 물건을 찾는데, 가슴에 흰색으로 다저스라고 수놓은 파란색 점퍼가 찬호의 눈에 운명적으로 들어왔습니다. 찬호는 얼른 100달러를 주고 샀습니다.

새로 산 점퍼를 입고 나오려고 하는데 한 티셔츠가 찬호의 발길을 멈추게 했습니다. 그 티셔츠에는 어떤 투수의 투구 자세가 새겨져 있었습니다.

'얼마나 대단한 선수기에 투구 자세가 티셔츠로 만들어졌을까?'

같은 투수로서 무척이나 부러웠습니다. 그리고 질투도 났죠.

'나도 저 투수보다 더 잘 던질 수 있는데…….'

찬호의 혼을 빼놓은 것이 또 하나 있었습니다. 바로 외야에 설치된 대형 스크린이었죠. 선명한 대형 화면에서는 선수 소개와 기록 그리고 경기 장면이 슬로우 모션으로 쉴 새 없이 쏟아졌습니다.

그런데 한 가지 아쉬운 점이 있었습니다. 그 대형 스크린 밑에 '미쯔비시'라는 글자가 쓰여 있었던 거죠.

근처에서 경기를 보던 일본 선수들이 "야! 미쯔비시다"라며 우쭐해했습니다. 찬호는 일본 선수들이 '미쯔비시'라고 떠들어 대는 소리가 정말 듣기 싫었습니다.

'두고 봐라. 내가 너희들을 반드시 이길 테니.'

찬호는 애국심이 발동하는 것을 느꼈습니다.

기분이 상해 있는 찬호를 보고 감독님이 위로를 해주었습니다.

"이 녀석아! 우리나라 제품도 있잖아."

찬호가 어안이 벙벙한 표정을 짓자 감독님은 빙그레 웃으면서 입장할 때 산 모자를 벗어보라고 했습니다. 모자 안쪽에 'Made In Korea'라는 글자가 선명하게 찍혀 있었습니다.

찬호는 메이저리그 선수들도 우리나라에서 만든 모자를 쓰고 경기를 한다는 사실을 알고 난 뒤 기분이 좋아졌습니다.

경기 시작 전인데도 야구장은 온통 축제 분위기였습니다. 선수들의 몸짓에 따라 관중석이 파도처럼 출렁댔습니다. 선수와 관중이 한 몸이 되어 움직이고 있었던 거죠.

"넘어갔다!"

딱! 소리에 찬호와 청소년 대표팀 선수들은 약속이나 한 듯이 자리에서 벌떡 일어났습니다. 한 선수가 친 공이 포물선을 그리며 가운데 담장쪽으로 총알같이 날아갔습니다. 당연히 홈런이라 생각했습니다.

순간 찬호는 자신의 눈을 의심했습니다. 공을 보지도 않고 달려간 다저스의 중견수가(외야 가운데를 지키는 수비수) 한 손으로 펜스를 짚고 풀쩍 뛰어올랐습니다. 공은 중견수의 글러브에 거짓말

같이 쏙 빨려 들어 갔습니다.

"와! 와!"

관중들의 함성이 한동안 야구장에 메아리쳤습니다. 찬호는 멋진 수비 장면에 벅찬 감동을 느꼈습니다.

'나도 이 멋진 메이저리그 구장에서 펼쳐지는 축제의 주인공이 되고 싶다.'

찬호는 두 주먹을 불끈 쥐었습니다. 꼭 메이저리거가 되겠다고 자기 자신과 약속을 했습니다. 그때까지 우리나라에는 메이저리그에서 활약한 선수가 한 명도 없었습니다. 찬호에게 아주 큰 꿈이 생긴 것입니다.

찬호는 눈을 감았습니다. 자신의 미래가 뚜벅뚜벅 걸어오는 것이 보였습니다.

찬호는 정확히 3년 5개월 뒤에 다저스의 하얀 유니폼과 파란 점퍼를 입습니다. 다저스타디움에서 자신과 한 약속을 지킨 거죠. 노력하는 사람은 반드시 꿈을 이룰 수 있습니다. 찬호처럼…….

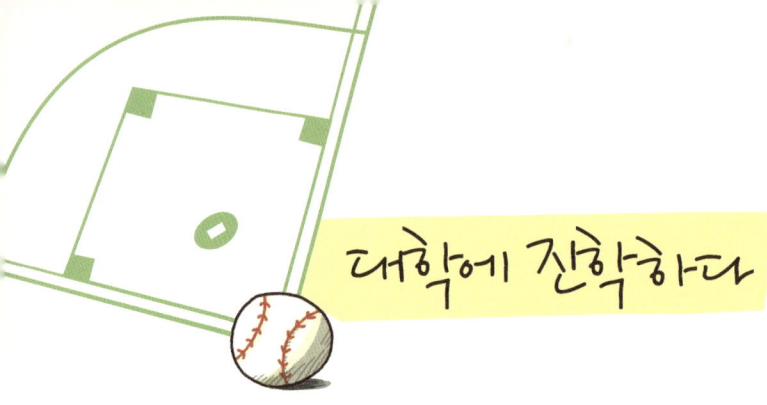

대학에 진학하다

　　찬호가 청소년 대표팀에서 맹활약을 펼치자 프로 야구단에서도 주목했습니다. 찬호가 충청도 출신이기 때문에 특히 충청도에 있는 구단인 빙그레는 찬호를 데려오기 위해 무진 애를 썼습니다. 빙그레는 현재 한화로 이름을 바꾼 인기 구단입니다.

　찬호가 청소년대회를 마치고 미국에서 돌아오고 얼마 지나지 않았을 때였습니다. 김성호 빙그레 코치님이 찬호의 집에 찾아왔습니다. 김 코치님은 한때 찬호에게 야구를 지도한 적이 있는 스승님입니다.

　"찬호야, 대전으로 밥이나 먹으러 가자."

찬호는 부모님의 허락을 받고 김 코치님을 따라 나섰습니다. 김 코치님은 찬호가 탐나서 빙그레로 데리고 오고 싶었던 거죠.

공주에서 한 시간 걸리는 대전으로 가면서 김 코치님은 프로 야구 이야기를 많이 해주었습니다.

찬호는 대전에 있는 식당에 도착해 고기를 맛있게 먹었습니다. 배도 빵빵해진 찬호는 코치님의 속도 모른 채 집으로 가려고 일어섰습니다. 김 코치님은 다급하게 찬호의 팔을 잡았습니다.

"이왕 왔으니 빙그레 경기를 보러 가자."

찬호는 김 코치님을 따라 대전야구장에 갔습니다. 김 코치님은 찬호를 선수 대기석으로 데리고 갔습니다. 빙그레 감독님과 다른 코치님들 그리고 쟁쟁한 스타 선수들이 찬호를 반갑게 맞아주었습니다.

"네가 박찬호야? 잘 생겼네."

"지금 빙그레로 와도 10승은 하겠다."

본받고 싶었던 선배들이 번갈아 가면서 칭찬을 해주었습니다. 찬호는 마음이 풍선처럼 부풀어 올랐죠.

'프로에 빨리 가서 선배들과 함께 뛰고 싶다.'

그날 장종훈 선수가 35호 홈런을 터뜨리는 모습을 보니 가슴이 다시 두근거렸습니다. 장종훈 선수는 고등학교를 졸업하고 아무 팀에서도 받아주지 않자 프로 선수도 아닌 연습생부터 시작해서 주전 선수까지 차지한 전설적인 선수입니다. 빙그레에서 피나는 노력을 통해 홈런왕에 올라 대스타가 되었죠. 그런 대스타를 보니 찬호는 같은 운동장에서 뛰어보고 싶었습니다.

경기가 끝난 뒤 김 코치님의 집에서 이야기를 더 나누었습니다. 1학년 때 공주고 감독님이던 김정무 빙그레 코치님도 함께 자리를 했습니다.

"대학을 졸업하면 어차피 빙그레에 올 건데 하루라도 빨리 오는 게 여러 가지로 유리하다."

"프로에 오면 체계적으로 훈련받을 수 있어 실력이 금방 늘지."

두 코치님의 설득에 찬호는 마음이 완전히 프로 야구 쪽으로 기울었습니다.

'프로로 가면 한양대는 어떻게 되는 거지. 내가 프로에 가서 잘 할 수 있을까.'

찬호는 이런저런 생각이 떠올라 새벽까지 잠을 이루지 못했습니다.

찬호는 다음날 LA에 있는 스티브 김에게 전화를 걸었습니다.

"한양대 말고 프로로 바로 가고 싶은데 어떻게 해야 할지 모르겠어요."

스티브는 발전 가능성과 조건을 잘 따져서 현명한 결정을 내리라고 조언해 주었습니다.

찬호가 프로로 마음이 기운 것은 라이벌인 임선동과 조성민의 영향도 있었습니다. 지기 싫어하는 찬호는 프로에 빨리 진출해서 앞서고 싶었던 겁니다.

다음 날 찬호는 부모님에게 프로로 가겠다고 말했습니다.

"전 바로 프로로 가고 싶어요."

"프로에 빨리 가서 나쁠 건 없지."

아버지는 프로로 가겠다는 찬호의 의견에 크게 반대하지 않았습니다.

하지만 어머니는 펄쩍 뛰었습니다. 독실한 불교 신자인 어머니는 '사람은 의리를 지켜야 한다'고 항상 강조하셨습니다.

"은혜를 배신하면 안 된다. 한양대가 베푼 은혜를 생각해보렴."

한양대에서 찬호를 청소년대표로 추천해주었던 일을 기억하고 계셨던 겁니다.

찬호는 평소처럼 고집을 꺾지 않았지만 어머니는 차분하게 아들을 설득했어요.

"내 아들이 대학생이 되는 것을 보고 싶다. 돈보다 사람 됨됨이가 우선이다."

찬호는 결국 어머니의 소원을 들어주기로 했습니다.

한양대도 찬호가 빙그레로 갈까 봐 안절부절 못했습니다. 야구 담당 부장님과 감독님이 차례로 공주로 내려왔습니다.

찬호에게 맛있는 것을 사주고 많은 이야기도 나누었습니다. 그래도 안심이 되지 않았는지 11월 초에 찬호를 서울로 불렀습니다. 그래서 다른 신입생 선수보다 한 달 일찍 한양대 야구부 숙소에 들어가게 된 거죠.

"찬호야, 부산으로 여행이나 가자."

11월 중순 대학추계리그가 끝난 뒤 특급 투수인 정민태 선배가 함께 부산에 가자고 했습니다. 찬호와 함께 한양대에 입학하기로 돼 있던 동기 차명주의 집에 간 것입니다. 차명주의 부모님은 부산 송정 바닷가에서 유명한 횟집을 운영하고 있었죠. 찬호는 약 보름 동안 차명주의 집에 머물렀습니다.

부산에 놀러가게 한 것은 사실 프로 구단으로부터 찬호를 지키려는 한양대의 꾀였지요. 다른 팀과 만나지 못하도록 찬호를 숨겨둔 것이었어요.

찬호는 한양대 야구부 숙소 1호실에 배정됐습니다. 1호실은 신입생들 중 가장 실력이 뛰어난 선수가 배정받은 곳이었습니다. 찬호가 그만큼 한양대에서는 소중한 존재였던 거죠.

찬호는 야구만 잘하는 게 아니었습니다. 야구부 환영회에서 숨겨진 끼를 마음껏 발휘해 선배들의 사랑을 독차지했습니다.

찬호는 기숙사 호실별 댄스 대회에서 서태지와 아이들의 '환상 속의 그대'를 부르면서 직접 만든 춤까지 춰 당당히 우승을 했지요. 찬호는 야구도 잘하지만 놀기도 잘하는 멋진 대학생으로 소문이 났습니다.

공만 빠른 선수라는 꼬리표

찬호는 청소년 대표로 선발되기 전까지는 억울하다는 생각을 자주 했습니다. 공주라는 지방에서 야구를 하니 알아주는 사람도 없고, 실력을 발휘할 기회도 없다고 생각했기 때문이었죠.

찬호의 목표는 조성민, 임선동, 손경수보다 더 좋은 투수가 되는 것이었습니다.

이들 세 명은 중학교 때 이미 주니어 대표팀에 뽑힐 만큼 유명한 투수들이었습니다. 신문에는 이들의 이름이 단골로 나왔습니다.

찬호는 청소년 대표팀에서 조성민과 임선동을 처음 만났습니다. 이들과 사이좋게 지냈지만 마음속으로는 각오를 새롭게 다졌죠.

'내가 더 뛰어난 선수가 될 테다. 조금만 기다려라.'

찬호는 굿윌 대회에서 조성민과 임선동을 앞지르는 활약을 했습니다. 야구 전문가들은 찬호가 발전 가능성이 아주 높은 선수라고 평가했습니다. 공이 빨라 제구력만 잡으면 최동원, 선동열의 뒤를 이을 재목감이라고 했지요.

조성민은 고려대, 임선동은 연세대에 입학했습니다. 찬호가 입학한 한양대와 더불어 고려대, 연세대는 대학 야구의 명문이었습니다.

찬호는 대학에서 실력이 부쩍 늘었지만 조성민, 임선동에게 항상 뒤로 밀렸습니다. 프로 야구단에서도 찬호보다는 임선동과 조성민에게 관심을 가지고 있었죠.

대학 2학년 때였습니다. 찬호는 1993년 미국 뉴욕주 버팔로에서 열린 유니버시아드대회에서 드디어 대학 최고 투수로 인정받게 됩니다. 공만 빠른 투수라는 오명을 떼어낸 거죠.

그 대회에서 찬호는 최고 시속 158킬로미터를 기록했습니다.

사람들은 깜짝 놀랐습니다. 스포츠신문들은 1면에 '박찬호 158킬로미터'라고 큼직하게 보도를 했습니다. 우리나라는 물론 메이저리그에도 그렇게 빠른 공을 던지는 선수는 매우 드물었습니다. 현재까지도 우리나라 프로 야구 공식 최고 기록은 158킬로미터입니다.

선수를 평가하는 데 깐깐하기로 소문난 메이저리그 스카우터들도 찬호의 실력을 인정했습니다.

"이것 봐 스피드가 엄청나. 97마일(약 157킬로미터) 이상 나오는데?"

스카우터들은 스피드건 계기판을 보면서 감탄사를 연발했습니다.

유니버시아드대회 관중석에는 메이저리그에서 제일 유명한 에이전트인 스콧 보라스도 앉아 있었습니다. 보라스는 강속구를 던지는 찬호를 주목했습니다.

"찬호는 메이저리그에서 성공하는 선수가 될 거다. 내가 반드시 그의 에이전트가 될 거다. 두고 봐라."

보라스는 메이저리그 관계자들을 만날 때마다 이 말을 했다고 합니다. 나중에 찬호의 에이전트를 맡았으니 그 말은 허풍은 아니었던 셈입니다.

메이저리그에서는 조성민, 임선동보다 공이 빠른 찬호에게 관심을 보였습니다. 양키즈와 애틀랜타 구단이 찬호에게 관심을 보였습니다. 드디어 찬호에게 행운이 빛을 비추기 시작한 것입니다.

어쩌면 고향 공주는 찬호에게는 행운의 땅인지도 모릅니다. 초등학교 때부터 승리에 집착하는 감독을 만났더라면 나중에 메이저리그에서 성공하지 못했을 겁니다.

대학 시절 찬호와 기량을 겨루던 많은 선수들이 일찍 야구를 그만두었는데, 그 이유는 어릴 때부터 변화구를 너무 많이 던져 팔꿈치가 빨리 고장 났기 때문이었습니다.

찬호와 같은 세대의 선수들은 초등학교 시절부터 변화구를 던졌습니다. 원래 리틀야구에서는 선수 보호를 위해 변화구 던지는 걸 금지했었습니다. 그런데 우리 선수들이 국제 대회에서 번번이 지자 규칙을 바꾼 거죠. 많은 감독들이 투수들에게 변화구를 던질 것을 지시했습니다. 이기기 위해서였지요.

팔목을 비틀어 던져야 하는 변화구는 어린 선수들에게 큰 무리가 갔습니다.

변화구를 던지지 못하는 찬호는 어린 시절 동기들 중에서 가장 실력이 뒤졌습니다. 하지만 동기들은 대부분 은퇴했고 찬호는 서른여덟 살인 지금까지 여전히 강속구를 뿌리며 야구를 하고 있습니다. 그는 지금까지 팔꿈치가 아픈 적이 거의 없었습니다. 만약 찬호가 초등학교 때부터 변화구를 던졌더라면 벌써 야구를 그만뒀을지도 모르는 일이죠.

박찬호 영광의 순간 2

1996. 4. 7

　메이저리그 직행 선수였지만 2년간 다시 마이너리그로 내려 간 박찬호 선수는 간간히 메이저리그로 복귀할 것이란 뉴스만 들려올 뿐, 다른 소식이 없었습니다. 국민들은 메이저리그란 한국인에게 아직도 먼 꿈인가? 하고 탄식을 하기도 했습니다.

　그런데 박찬호 선수가 메이저리그로 복귀했다는 좋은 소식이 들리고 나서 얼마 지나지 않았을 때, 미국에서 기쁜 소식이 날아왔습니다. 박찬호 선수가 드디어 미국에서 첫 승을 올린 것입니다. 첫발 투수가 뜻밖의 부상으로 더 이상 던질 수 없게 되자, 대기 중이던 박찬호 선수가 마운드에 올라 4회를 깔끔하게 막았습니다.

　이 승리를 통해서 박찬호 선수는 대기 선수에서 선발투수로 올라설 수 있었습니다. 메이저리그에서 1승을 올렸다는 것은 지금 박지성 선수가 맨체스터 유나이티드에서 1골을 넣은 것 이상으로 전 국민을 들썩거리게 했습니다. 이때부터 뉴스에서는 박찬호 선수가 단골로 등장했습니다.

미국과 우리나라는 시차 때문에 박찬호 선수의 경기를 보기 힘들었습니다. 하지만 새벽 시간에도 박찬호 선수가 승전보를 울리면 동네가 들썩거렸고, 학생들은 학교를 가며, 직장인들은 출근을 하며 새벽에 벌어졌던 경기 이야기를 했습니다.

박찬호 선수가 대한민국의 아침을 웃게 만들었던 것입니다.

첫 번째 이야기

네 번째 이야기

두 번째 이야기

다섯 번째 이야기

세 번째 이야기

환희와 좌절,
그러나 오뚝이처럼!

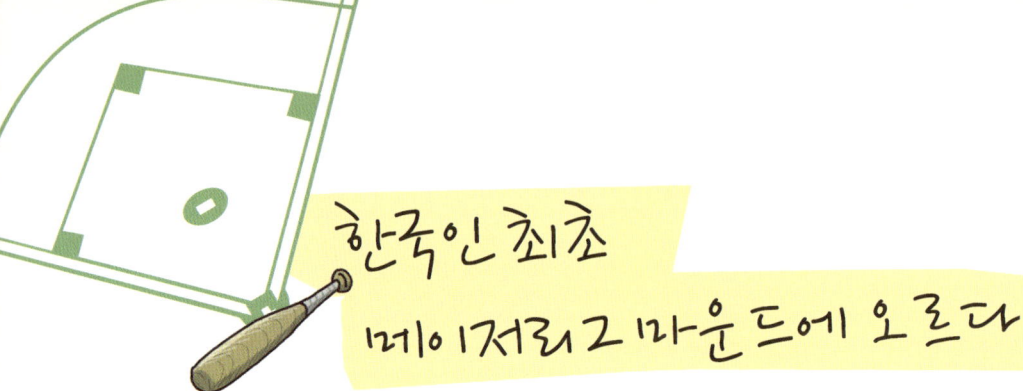
한국인 최초 메이저리그 마운드에 오르다

　　　　　박찬호 선수는 미국 버팔로 유니버시아드 대회 후 더욱 유명해졌습니다.
　메이저리그 구단들도 박찬호 선수에게 본격적으로 관심을 보이기 시작했습니다. 그중에서 가장 적극적인 구단은 애틀랜타였습니다. 애틀랜타는 입단을 협상할 직원을 한국으로 보냈습니다.
　"당신을 우리 팀에 입단시키고 싶습니다. 우선 계약금으로 20만 달러를 주겠습니다."
　박찬호 선수는 계약금 액수를 떠나 무척이나 기분이 좋았습니다. 어쩌면 한국인 최초로 메이저리그에서 뛰는 선수가 될 수도 있었으니까요.

그래도 혼자서 결정을 내릴 수는 없었습니다.

"애틀랜타가 20만 달러를 준다는데 어떻게 하죠?"

"미국으로 가는 것도 괜찮을 것 같구나."

부모님은 미국으로 가는 것에 반대하지 않았습니다. 메이저리그는 모든 야구 선수가 꿈꾸는 최고의 무대입니다. 그때까지 우리나라는 단 한 명도 메이저리그에서 뛰는 선수를 배출하지 못했습니다. 무조건 가고 싶었습니다. 어쩌면 다저스타디움에서 자신에게 약속한 꿈을 실제로 이룰 수도 있다고 생각했거든요.

그런데 애틀랜타는 한 가지 조건을 더 붙였습니다.

'입단하기 전에 군대 문제를 해결하라' 는 것이었죠. 하지만 군대 문제를 해결할 방법이 없었습니다.

양키즈와 LA다저스도 찬호에게 관심을 보였습니다.

박찬호 선수는 답답했습니다. 오라는 구단은 있는데 갈 수가 없었습니다. 관심을 보인 구단들이 모두 군대 문제에 민감한 반응을 보였던 겁니다.

박찬호 선수는 다시 스티브 김에게 전화를 걸었습니다. 대한민

국 국민으로서 신성한 국방의 의무를 저버릴 수는 없었거든요.

"형, 미국에 가고 싶은데 군대 때문에 힘들겠어요. 방법이 없을까요?"

스티브 김은 힘찬 목소리로 말했습니다.

"찾으면 길이 있을 거다. 네가 메이저리그에서 뛰면 대한민국의 청소년들과 미국 교포들에게 꿈과 긍지를 심어줄 수 있을 텐데……."

스티브 김의 말은 사실이었습니다. 조그만 나라 한국에서 메이저리그 선수가 나온다면 세계가 놀랄 일이었죠.

스티브 김과 통화한 뒤 얼마 지나지 않아 LA 한인상공회의소에서 리셉션이 열렸습니다. 마침 그 자리에 피터 오말리 LA다저스 구단주가 참석했습니다.

"박찬호가 다저스에 오고 싶어 합니다."

스티브 김은 오말리 구단주에게 속삭이듯 말했습니다.

"정말입니까? 반가운 소식이군요."

오말리 구단주는 놀란 표정을 지었습니다. 박찬호 선수가 누구라는 것을 이미 알고 있었습니다. 스티브 김과 오말리 구단주는 명함을 주고받았습니다. 다음 날 오전 오말리 구단주가 스티브 김에게 전화를 했습니다.

"내 사무실에서 만나고 싶은데 시간이 괜찮은지요?"

스티브 김은 바로 다저스 구단으로 달려갔습니다.

오말리 구단주는 박찬호 선수를 쉽게 데려 올 수 없다는 사실을 알고 있었습니다. 한양대에 다니고 있고 군대도 갔다 오지 않았으니까요.

"박찬호 선수를 데리고 오고 싶은데 방법이 있을까요?"

오말리 구단주는 걱정스러운 표정으로 말했습니다.

"모든 절차는 제가 책임지겠습니다. 맡겨만 주세요."

스티브 김의 말에 오말리 구단주는 활짝 웃으며 손을 내밀었습니다. 두 사람의 악수로 박찬호 선수의 다저스 입단 작전이 시작된 거죠.

스티브 김은 이 사실을 박찬호 선수에게 알렸습니다.

"감사합니다. 형이 다 알아서 해주세요."

박찬호 선수는 뛸 듯이 기뻐 자기도 모르게 그만 전화 수화기에 대고 꾸벅 절을 하고 말았죠. 다저스는 메이저리그에 소속된 팀

중에서도 우승을 6번이나 차지한 명문 구단에다가 LA를 연고로 하기 때문에 한국인 팬이 많은 팀이었어요.

하지만 다저스 입단 작업은 그리 순탄하지 않았습니다.

"계약금은 150만 달러로 하죠."

스티브 김의 제의에 다저스 구단 관계자는 의아한 표정을 지었어요.

"실력이 확인되지 않은 동양인 투수에게 그만한 액수는 줄 수 없어요. 60만 달러로 하죠."

다저스 구단은 손사래를 쳤지요. 그러나 스티브 김은 포기하지 않고 다저스를 설득했습니다. 그러다 스티브 김과 다저스는 조금씩 양보해 120만 달러에 계약하기로 했습니다. 박찬호 선수의 계약금 120만 달러는 대단한 액수였죠. 그해 시애틀에 입단한 세계적인 선수 알렉스 로드리게스의 계약금이 150만 달러였으니까요. 그야말로 동양의 작은 나라에서 온 선수가 메이저리그 최고 선수 대우를 받은 셈입니다.

하지만 기쁨도 잠시였습니다.

"절대 찬호를 미국에 보낼 수 없습니다."

박찬호 선수가 다니고 있는 한양대에서 강하게 반대한 것입니다.

한양대는 박찬호 선수를 특급 투수로 만들기 위해 많은 공을 들여 왔습니다.

한양대에서는 스티브 김을 만나려고도 하지 않았습니다. 다저스 구단에서 보낸 공식 서한은 쳐다보지도 않았습니다.

마침내 오말리 구단주가 한국으로 왔습니다.

"박찬호 선수를 보내 주면 한양대에 모든 지원을 아끼지 않겠습니다."

프로 선수가 되려면 학교장의 허락이 있어야 하는 한국의 상황을 이해하고 오말리 구단주는 한양대를 어떻게 지원할 것인지 상세하게 말했습니다.

그래도 한양대는 마음을 바꾸지 않았습니다.

"에이스 투수가 빠지면 우리는 어떡합니까? 성공도 보장되지 않는 곳에 보낼 수 없어요."

'이제 마지막이다.'

스티브 김은 미국 교민들의 추천서를 한양대 총장님께 전달했습니다. 총장님도 처음에는 완강하게 반대를 하셨죠. 하지만 스

티브 김은 끈질기게 설득했습니다.

"찬호가 한국인 최초로 메이저리거가 되면 한양대의 큰 자랑거립니다. 100만 재미교포에게도 힘이 되고요."

끈질긴 설득과 한국인 최초 메이저리그 선수 탄생이라는 역사적인 의의를 생각해서 한양대가 드디어 허락을 했습니다. 총장님도 찬호가 큰 선수가 될 수 있도록 돕겠다고 마음을 바꾸었습니다.

드디어 박찬호 선수는 미국으로 가는 비행기에 몸을 실었습니다. 1994년 1월 14일, 박찬호 선수는 LA 교민이 운영하는 호텔에서 입단 기자 회견을 가졌습니다.

기자 회견장에는 오말리 구단주, 토미 라소다 감독, 오랄 허샤이저 선수도 나왔습니다. 박찬호 선수가 'PARK'이라는 이름과 '61'번이 쓰인 다저스 유니폼을 입자 여기저기서 카메라 플래시가 터졌습니다. 감격적인 한국인 첫 메이저리거 탄생의 현장이었습니다.

박찬호 선수는 2월에 다저타운의 스프링캠프에 참가했습니다. 초청 선수 자격이었습니다. 메이저리그에서는 가능성 있는 선수들을 스프링캠프로 초청해서 실력을 테스트해 봅니다.

시즌이 시작하기 전 봄에 열린다고 해서 이름도 스프링캠프죠.

스프링캠프에는 어마어마한 선수들이 많았습니다. 박찬호 선수는 그들과 함께 훈련하는 것만으로 행복했습니다.

"오늘부터 찬호는 내 양아들이야."

라소다 감독은 박찬호 선수에게 대단한 애정을 쏟았습니다. 식사에도 자주 초대하고, 스프링캠프에 잘 적응하도록 배려를 해주었습니다. 라소다 감독은 그의 이름을 딴 야구 게임도 있을 정도로 유명한 명장입니다.

박찬호 선수는 캠프에서 큰 인기를 끌었습니다. 스물한 살의 동양인 청년이 메이저리그 선수들을 상대로 겁 없이 강속구를 던졌기 때문이었죠.

스프링캠프가 끝나기 전날 라소다 감독은 박찬호 선수를 불렀습니다.

"내일이면 역사적 사건이 일어난다. 너는 내일 나와 함께 LA로 간다."

눈에서 눈물이 왈칵 쏟아졌습니다.

"고맙습니다."

박찬호 선수는 라소다 감독을 뜨겁게 포옹했습니다. 감독님도 "네가 자랑스럽다"며 격려를 해주었지요.

박찬호 선수는 곧바로 메이저리그에서 뛰게 됐습니다. 마이너리그를 거치지 않고 곧바로 메이저리그로 간 겁니다. 메이저리그로 직행한 17번째 선수였지요. 메이저리그는 100년이 넘는 역사를 가지고 있고 팀도 30개나 됩니다. 수천 명 이상의 선수가 메이저리그를 거쳐갔죠. 그런데 박찬호 선수 이전에 하부 리그인 마이너리그를 거치지 않고 바로 메이저리그를 간 선수가 16명밖에 안 되었던 겁니다. 외국인으로서는 박찬호 선수가 처음입니다.

한국인이란 것도 놀라운데 메이저리그 직행이란 사실 때문에 사람들은 더욱 놀랐습니다.

4월 9일 LA 다저스타디움에서 다저스와 애틀랜타의 경기가 열렸습니다.

경기 후반에 갑자기 라소다 감독이 불렀어요.

"찬호 9회에 나갈 준비해."

박찬호 선수는 몸을 풀고 힘차게 마운드로 뛰어갔습니다. 마침내 메이저리그 구장, 바로 그 꿈의 구장에 선 것입니다.

18일 만의 강등

"헤이 두드(Hey Dude)!"

다저스 선수들은 만나면 서로 이렇게 인사를 했습니다. 영어라고는 헬로우 땡큐 정도밖에 몰랐던 박찬호 선수는 이 말이 무슨 뜻인지 몰랐습니다.

'사람을 부를 때 사용하는 말인가 본데?'

박찬호 선수는 자신도 누구에겐가 이 말을 하고 싶었습니다.

어느 날 아침 일찍 러닝을 하러 나간 박찬호 선수는 반대편에서 라소다 감독이 걸어오는 것을 발견했습니다. 박찬호 선수는 활짝 웃으면서 힘차게 외쳤습니다.

"헤이 두두!"

환갑을 넘긴 라소다 감독은 처음에는 황당한 표정을 짓더니 잠시 후 배꼽을 잡고 웃었습니다.

'헤이 두드!' 는 젊은이들이 가까운 친구를 만났을 때 쓰는 말입니다. '야, 이 녀석아!' 란 뜻으로 반가운 마음을 표현하는 속어죠.

새파랗게 젊은 선수가 60세가 넘은 명감독에게 '야, 이 녀석아' 라고 말한 꼴이었습니다. 게다가 발음도 엉성하게 '두두' 라 불렀으니 감독님은 얼마나 황당했을까요?

하지만 라소다 감독은 유머 감각이 뛰어났습니다. 그 후 누구를 만나든지 "헤이 두두!"라고 말했어요. '헤이 두두!' 는 순식간에 다저스 스프링캠프장에서 가장 인기 있는 말이 되었습니다.

스프링캠프에 처음 참가하는 선수는 신고식을 치러야 했습니다. 박찬호 선수도 선수들이 생활하는 클럽하우스에서 신고식을 했죠.

박찬호 선수는 선배들에게 인사를 하기 위해 클럽하우스를 찾았습니다. 물론 통역과 함께 갔죠.

선배들이 물었습니다.

"영어 노래 아는 것 있냐?"

"있습니다."

박찬호 선수는 씩씩하게 대답했습니다. 선배들은 황당한 표정을 지었습니다. 박찬호 선수가 영어를 거의 못한다는 사실을 알고 있었거든요.

"그럼 한번 해봐라."

선배들의 말이 떨어지기 무섭게 박찬호 선수는 영어로 노래를 불렀습니다.

"해피 버스데이 투 유, 해피 버스데이 투 유……."

동료 선수들이 배꼽을 잡고 바닥을 굴렀습니다. 그래도 박찬호 선수는 끝까지 노래를 불렀지요.

한바탕 폭소를 터뜨린 선배들이 또 다시 짓궂은 질문을 했습니다.

"이 클럽하우스에서 누구랑 자리를 바꾸고 싶냐?"

선배들은 애송이 투수인 박찬호 선수가 "허샤이저"라고 대답할 줄 알았죠. 허샤이저는 다저스의 에이스 투수였으니까요.

하지만 박찬호 선수의 대답은 엉뚱했습니다.

"라소다 감독님과 자리를 바꾸고 싶습니다."

동료 선수들은 또 다시 배꼽을 잡고 쓰러졌습니다.

그때까지만 해도 박찬호 선수는 약간 어눌한 말투에 '공주 촌놈' 티를 벗지 못했습니다. 하지만 이와 같이 번득이는 재치로 선배들의 사랑을 독차지 했습니다.

1994년 4월 14일, 박찬호 선수는 두 번째로 메이저리그 마운드에 올랐습니다.

그날 박찬호 선수는 메이저리그의 매운맛을 봤습니다. 3회를 던지는 동안 홈런 세 개를 맞고 5실점을 내준 거죠.

'이게 내 실력이란 말인가. 아니야, 운이 나빴을 뿐이야.'

박찬호 선수는 기분이 좋지 않았습니다. 그때까지 박찬호 선수는 자신감으로 가득 차 있었거든요.

그로부터 8일이 지난 4월 22일. 박찬호 선수는 홈경기에 앞서 다저스타디움 5층에서 휴식을 취하고 있었습니다.

무심코 아래를 내려다보는데 마이너리그에서 뛰던 투수 한 명이 야구장으로 들어오는 게 보였습니다.

'어! 저 선수가 올라오면 누군가는 마이너리그로 가야 하는데……'

박찬호 선수는 순간적으로 이런 생각이 들었습니다.

'설마 나는 아닐 거야.' 박찬호 선수는 애써 자신을 위로하면서 경기 준비를 위해 클럽하우스로 내려갔습니다.

그때 라소다 감독이 박찬호 선수를 자기 방으로 불렀습니다. 그 자리에는 프레디 클레어 단장도 있었죠. 분위기가 좋지 않았습니다.

클레어 단장이 먼저 말을 꺼냈습니다.

"너를 큰 투수로 키우고 싶다. 경험을 쌓도록 마이너리그로 보내기로 결정했다."

"……"

라소다 감독은 걱정스러운 표정을 지었습니다. 박찬호 선수는 말없이 방을 나왔습니다. 18일 만에 마이너리그로 떨어진 거죠.

박찬호 선수는 마지막으로 연습 투구를 했습니다. 온 힘을 다해 공을 던졌죠. 자신을 마이너리그로 보내는 것에 대한 시위였습니다. 투수 코치는 공이 좋다고 칭찬을 했습니다.

"잘할 수 있는데 왜 마이너리그로 보낸담. 경험이 그렇게 중요한가?"

마이너리그는 메이저리그와 하늘과 땅 차이입니다. 하다 못해 밥 먹는 것도 메이저가 뷔페라면 마이너는 햄버거일 정도로 대우가 달랐습니다.

연습 투구를 마치고 기자회견을 위해 라커룸으로 갔습니다. 야구장을 통해 가려는데 구단 직원이 급히 불렀습니다.

"무슨 일이죠?"

박찬호 선수가 의아해하며 물었습니다.

"메이저리그 명단에서 제외되었으니 야구장에 모습을 보이면 안 됩니다. 건물 안쪽으로 돌아서 가세요."

박찬호 선수는 구단 직원의 말에 얼굴이 화끈거렸습니다.

'이런 게 바로 메이저리그구나!' 박찬호 선수는 메이저리그의 냉정함에 할 말을 잃어버렸지요.

박찬호 선수는 고별 기자회견을 했습니다.

"배려해준 구단에 감사드립니다. 열심히 노력해 빨리 메이저리그에 오도록 하겠습니다."

박찬호 선수는 씩씩하게 기자들의 질문에 대답했습니다.

기자 회견을 마치고 나가려는데 조 여사가 보였습니다. 조 여사는 라소다 감독의 부인이었어요.

라소다 감독이 양아버지이니 조 여사는 양어머니인 셈이죠. 조 여사는 예의 바른 박찬호 선수를 친아들 이상으로 사랑했습니다.

조 여사는 박찬호 선수를 보고 울음을 터뜨렸습니다.

"찬호야 걱정마라. 금방 메이저리그로 다시 올 거야."

박찬호 선수는 오말리 구단주를 찾아갔습니다. 작별 인사를 하기 위해서였죠.

오말리 구단주의 사무실에는 박찬호 선수와 함께 찍은 사진이 놓여 있었습니다.

"너는 훌륭한 투수다. 열심히 하면 곧 다시 올라올 거야."

오말리 구단주는 박찬호 선수의 등을 두드리며 격려를 해주었습니다.

2년간의 외로운 투쟁

박찬호 선수는 다음 날 새벽 6시 샌안토니오로 가는 비행기를 탔습니다. 정들었던 LA를 떠나려니 발걸음이 떨어지지 않았죠.

박찬호 선수는 비행기 안에서 이런저런 생각을 했습니다.

'마이너리그는 어떤 곳일까?'

'비행기 대신 버스로 이동한다는데'

'하루 식비 12달러로 어떻게 버티지?'

'연봉은 얼마나 될까?'

박찬호 선수는 마이너리거가 됐습니다. 배정받은 팀은 더블 A

팀인 샌안토니오 미션스였습니다.

모든 것이 LA와는 비교되지 않았습니다. 그래도 박찬호 선수는 어려움을 정면으로 돌파하기로 결심했습니다.

박찬호 선수는 마이너리그에서 버트 후튼 투수 코치를 만났습니다. 후튼 코치는 메이저리그에서 15년 동안 151승이나 거둔 명투수 출신이었습니다. 박찬호 선수는 후튼 코치에게 커브도 익히고 타자를 상대하는 요령을 배우면서 점차 투구에 눈을 뜨기 시작했습니다.

> 메이저리그에는 '메이저리그 팀'이라고 불리는 주축이 되는 팀 아래로 트리플 A, 더블 A, 싱글 A 등의 마이너리그 팀을 가지고 있습니다. 트리플 A가 그중 가장 수준이 높은 팀이고 더블 A, 싱글 A순으로 수준이 낮아집니다. 메이저리그 팀을 제외하고 나머지 팀들이 펼치는 경기를 마이너리그라고 합니다.

박찬호 선수의 숙소는 야구장에서 꽤 먼 거리에 위치해 있습니다. 하지만 박찬호 선수는 체력 훈련을 위해 그 먼 거리를 뛰어서 왕복했습니다.

나중에 그 얘기를 들은 구단은 화들짝 놀랐습니다. 중간에 빈민촌이 있어 잘못하면 봉변을 당할 수도 있었기 때문이죠.

구단은 위험하니 차로 다니라고 했지만 박찬호 선수는 끝까지 고집을 꺾지 않았습니다.

　마이너리그로 처음 와서는 동료 선수들과 사이가 좋지 않았습니다. 박찬호 선수의 성격이 모나서가 아니라 말이 제대로 통하지 않는 데다 유일한 동양인이라 왕따를 당한 거죠.

　특히 다저스 마이너리그에는 야구를 통해 가난을 벗어나려고 미국으로 건너온 남미계 선수들이 많았습니다. 박찬호 선수는 그들 사이에 끼지 못했습니다. 미운 오리 새끼처럼 항상 외톨이로 지냈습니다.

　박찬호 선수는 외로움을 달래기 위해 한국인 식당에 자주 들렀습니다. 그러다 보니 한국 음식인 불고기와 마늘을 많이 먹게 됐죠.

　어느 날 훈련을 마치고 샤워장으로 가려는데 한 선수가 코를 막고 중얼거리는 것이었어요.

"마늘 냄새 나니까 저리 꺼져!"

　박찬호 선수는 화를 참을 수가 없었습니다. 그렇잖아도 평소 박찬호 선수를 깔보던 선수였거든요.

"뭐라고 했어?"

박찬호 선수는 글러브를 집어 던지며 그 선수에게 달려들었습니다.

"너 몸에서 나는 빠다(버터) 노린내가 더 독혀(해)! 이 썩을 놈아!"

그 선수는 어리둥절한 표정을 지었습니다. 한국어, 그것도 충청도 사투리로 말했으니 어떻게 알아듣겠어요. 소리를 크게 지르고 나자 분이 조금은 풀렸습니다.

며칠 후 박찬호 선수는 친절한 후튼 투수 코치를 찾아갔습니다.

"선수들이 인종차별을 합니다."

그러자 후튼 코치는 박찬호 선수를 타일렀습니다.

"네가 그들보다 계약금도 많이 받았고, 마이너리그를 거치지 않고 바로 메이저로 갔기 때문에 선수들이 너를 질투하는 거야."

"그게 아닌 것 같아요. 틈만 나면 놀리고 왕따를 시켜요."

"나 역시 한국에서 야구를 했더라면 힘들었을 거다. 힘들 때마다 네가 미국에 왜 왔는지 생각해라."

후튼 코치의 말에 박찬호 선수는 고개를 끄떡였습니다.

박찬호 선수는 다음 날부터 마늘과 김치를 먹지 않았을 뿐만

아니라 한국 음식 대신 햄버거와 치즈를 구역질 날 정도로 먹었습니다.

　영어 공부도 열심히 했어요. 보이는 대로 문장을 통째로 외우고, 외운 문장으로 선수들에게 말을 걸기도 했습니다.

　그렇게 행동을 하고 3~4주 정도 지나자 선수들이 달라졌습니다. 자연스럽게 어깨동무도 했고, 박찬호 선수에게 먼저 인사를 하거나 말을 걸기도 했습니다.

　박찬호 선수는 1995년 다저스의 메이저리그 스프링캠프에도 참가했습니다.

　첫 시범 경기에서는 잘 던졌습니다. 4이닝 동안 삼진을 일곱 개나 잡았습니다. 올해는 틀림없이 메이저리그로 돌아갈 수 있을 거라 믿었습니다.

　하지만 다음 경기에서는 4이닝 동안 무려 열두 개의 안타를 맞고 말았습니다. 자만심이 화를 부른 거죠.

　며칠 후 라소다 감독이 박찬호 선수를 불렀습니다.

　"작년보다 많이 발전했다. 그러나 아직 경험을 더 쌓아야 한다."

박찬호 선수는 더블 A보다 한 단계 위인 트리플 A팀으로 갔습니다. 트리플 A팀에 가니 후튼 코치가 반갑게 맞이했습니다.

박찬호 선수는 후튼 코치가 있어서 다행이라고 생각했습니다. 마이너리그에서 마음을 터놓을 수 있는 유일한 사람이었으니까요.

후튼 코치는 박찬호 선수에게 큰 힘이 됐습니다. 힘들어할 때마다 용기를 북돋워 준 든든한 형님이었죠. 지금도 박찬호 선수는 자주 후튼 코치에게 연락을 한답니다.

박찬호 선수는 투구 자세를 다듬었습니다. 어떤 구질의 공도 똑같은 동작으로 던질 수 있게 되었죠. 들쭉날쭉하던 컨트롤도 잡았습니다. 여러 가지 종료의 공도 던질 수 있게 되었고 힘 좋은 타자들에게 안타를 맞으면서 경기를 운영하는 법도 배웠습니다.

박찬호 선수는 '이제 됐다!' 싶었습니다. 메이저리그에 가도 씩씩하게 잘 던질 자신이 있었던 거죠.

박찬호 선수는 '금방 메이저리그로 부르겠다' 던 다저스 구단의 말을 철썩 같이 믿고 있었어요. 그런데 감감 무소식이었죠. 그제야 구단의 말이 듣기 좋으라고 하는 소리라는 걸 알았습니다.

박찬호 선수는 2년 동안 마이너리그에 있으면서 많은 걸 느꼈

습니다. 무엇보다 소중한 재산인 겸손을 배웠습니다.

    메이저리그에 직행했을 때는 자신의 능력이 대단하다고 생각했지만, 큰 착각이었다는 것을 깨달은 것이죠. 그제야 박찬호 선수는 더욱 실력을 키워야겠다고 결심했습니다.

어머니를 생각하며 다시 일어서다

"우웩!"

박찬호 선수는 어머니가 몸에 좋은 곰국이라고 주신 국물을 마시다가 깜짝 놀랐습니다. 너무나 비려서 마실 수가 없었던 거죠.

"약간 비리지? 잉어를 푹 고아서 그런 거야. 쭉 마셔라. 건강에 좋은 거니."

박찬호 선수는 미소를 지었지만 머릿속으로는 '어머니가 안 보시면 버려야지' 하고 생각했답니다.

어머니는 박찬호 선수가 운동 선수라 고생을 하는 걸 아셨기에 아들만 보면 꼭 먹을 것을 챙겨주었습니다. 집에 오기만 하면 닭을 잡아 주셨지요.

　박찬호 선수가 배가 빵빵 해서 안 먹겠다고 말해도 닭을 다 먹을 때까지 옆에 앉아 계시곤 했습니다. 그러면 어머니를 생각해서 꾸역꾸역 닭을 다 먹었죠.

　그런데 이번에 주신 곰국은 너무나 비려서 먹을 수가 없었습니다.

　결국 박찬호 선수는 먹는 척하다가 어머니가 다른 일을 하시는 동안 몰래 국을 버렸습니다. 가지고 가서 먹으라고 싸주신 곰국도 숙소로 돌아가서 슬쩍 버렸습니다.

　다음 휴가를 받아서 집에 다시 왔을 때였습니다.

　"그래 곰국은 다 먹었니?"

　"예? 아, 예."

　박찬호 선수는 어머니가 실망하실까 봐 곰국을 다 먹었다고 했습니다. 그러자 어머니가 웃으면서 말씀하시는 거예요.

　"사실, 그거 잉어가 아니라 뱀탕이다. 아버지가 뱀탕을 먹으면 힘이 좋아진다는 이야기를 듣고 어디선가 힘들게 구해온 모양이다. 어쨌든 다 먹었으니 됐구나."

'뭐라고? 뱀? 뱀?'

박찬호 선수는 펄쩍 뛰었어요. 먹지도 않았지만 뱀이라고 생각하니 몸이 스멀스멀거렸습니다.

박찬호 선수는 살짝 짜증을 냈죠.

"먹기 전에 말해야죠. 왜 그런 것을 말도 안 해줘요?"

어머니는 그래도 뭐가 즐거운지 싱글벙글이었습니다. 아들에게 좋은 것을 먹였다고 생각하니 기분이 좋으신 것 같았습니다.

박찬호 선수는 어머니의 얼굴을 보고 미안한 마음이 들었습니다. 아들을 위해 부모님이 정성스럽게 준비해주신 음식을 몰래 버린 것이 미안했기 때문입니다.

공연히 박찬호 선수는 뱀을 먹였다며 투덜거렸어요. 미안한 마음을 감추기 위해서였죠.

누구에게나 그렇지만 박찬호 선수에게 어머니는 언제나 든든한 후원자였습니다. 박찬호 선수는 미국에 가서도 어머니와 자주 통화를 했습니다. 어머니는 언제나 같은 말을 해주셨죠.

"무엇이든 서두르지 말고 차근차근 하나씩 생각하고 해결해 나가라."

마늘 냄새 때문에 동료와 심하게 다툰 날도 어머니에게 전화를 했습니다.

"찬호냐? 거기서도 잘 먹지?"

어머니의 목소리를 듣자마자 눈물이 흘렀습니다. 사실 박찬호 선수는 너무나 힘들어서 한국으로 돌아가고 싶다고 말하려고 전화를 건 것이었거든요.

"그럼! 잘 지내죠. 걱정하지 마세요."

박찬호 선수는 어머니에게 또 한 번의 거짓말을 했습니다.

박찬호 선수는 예전 생각이 났습니다. 가난한 집에서 장난감을 사달라고 고집 부렸던 일도 생각났습니다. 철 없이 좋은 집에 가서 살자고 부모님 마음을 아프게 한 일도 생각났습니다.

그중에서 가장 많이 생각 났던 것은 어머니의 갈라지고 터진 손등과 푸석푸석한 얼굴이었습니다.

박찬호 선수는 방 안에 미리 사두었던 술병을 깨버렸습니다. 술을 먹고 다 잊어버리고 싶어서 먹지도 못하는 술을 사두었던 것이죠.

술병을 깨며 자신의 나약한 마음도 함께 깨버렸습니다. 그리고 어머니를 떠올리며 다시 한 번 각오를 다졌습니다.

"모조리 덤벼라! 다 이겨주마!"

그렇게 박찬호 선수의 오뚝이 정신은 다시 살아났습니다.

박찬호 영광의 순간 3

2001. 7. 11

　박찬호 선수는 이제 세계 최고의 선수 중 하나로 우뚝 섰습니다. 당당한 선발투수가 된 것뿐 아니라 A급 투수를 의미하는 10승 투수를 넘어서서 초특급 선수인 20승 투수에 거의 근접했지요. 20승 투수는 메이저리그 전체에서도 1년에 한 명도 나오지 않을 때가 있을 정도로 대단한 기록입니다. 박찬호 선수는 2000년에 18승을 올려서 20승을 거의 달성할 뻔했습니다.

　그리고 2001년에도 그 기록을 그대로 이어가서 별 중의 별들만 모이는 올스타전에 선발되었습니다. 세계 최고의 야구 선수들이 모인다는 메이저리그에서 다시 최고의 선수만 출전할 수 있다는 올스타전에 출전한 것이지요.

　박찬호 선수가 출전하는 올스타전은 한국에도 생방송할 정도로 인기가 높았습니다. 박찬호 선수는 두 번째 투수로 출전했는데, 첫 공을 그만 홈런으로 내주고 말았습니다.

　박찬호 선수에게 홈런을 때린 선수는 2,632 경기나 연속으로 출전에서 철인이라는 별명으로 불리던 선수입니다. 올스타전이 끝나고 2001년 10월 은퇴하였죠. 이 홈런 장면은 지금도 명장면으로 손꼽히는데 박찬호 선수도 기분 나빠 하지 않는답니다.

　그리고는 나머지 타자를 잘 막았습니다. 그중에는 이치로 선수도 있었고, 최고 스타인 알렉스 로드리게스 선수도 있었지요. 박찬호 선수는 전 세계의 스타 중의 스타가 된 것입니다.

첫 번째 이야기

세 번째 이야기

두 번째 이야기

다섯 번째 이야기

네 번째 이야기

나는 한국의 영웅,
코리안특급이다

메이저리그에서 다시 부르다

메이저리그는 9월 1일부터 경기에 출전할 수 있는 선수(엔트리)를 늘립니다. 25명에서 40명으로 늘리는 거죠.

유망주 소리를 들으려면 늘어나는 15명 안에는 들어가야 합니다. 그래야 다음 해 메이저리그에 올라갈 확률이 높거든요.

1995년 8월 29일, 박찬호 선수는 트리플A 팀에서 6승을 올렸습니다. 메이저리그로 갈 만한 성적이었지요. 박찬호 선수도 메이저리그에서 부를 것이라고 확신하고 있었습니다.

하지만 아무 소식이 없었습니다. 몇몇 선수들은 메이저리그 통보를 받고 짐을 챙기느라 바빴습니다.

'이만하면 충분한 줄 알았는데…… 또 뭐가 부족하다는 건가?'

박찬호 선수는 실망했습니다. 분명 자기보다 실력이 없는 선수들도 가는 것 같았거든요.

그러던 어느날 원정 경기 마지막 날 감독님이 박찬호 선수에게 말했습니다.

"마지막 홈경기 한 번 더 던지고 LA로 가라."

박찬호 선수는 기뻐서 눈물이 다 나오려고 했습니다.

기분이 좋으니까 볼도 잘 들어갔죠. 5회까지 무실점으로 막았습니다.

박찬호 선수는 컨디션이 좋아 더 던지려고 했습니다. 하지만 감독님이 말렸어요. 메이저리그로 가기 전에 힘을 너무 빼면 안 되기 때문이었죠.

박찬호 선수는 룰루랄라 콧노래를 부르며 메이저리그로 올라갔습니다. 그런데 막상 메이저리그에 올라갔지만 처음에는 매일 덕아웃에서 경기를 보기만 했습니다. 당시 다저스는 내셔널리그 서부지구 1위 다툼을 벌이고 있었기 때문이었어요.

이처럼 포스트시즌 진출 다툼이 치열하면 유망주에게는 좀처럼 출전 기회가 주어지지 않죠. 타자들은 간혹 대주자나 수비로 나가는 게 고작입니다. 투수들은 패전 처리를 위해 나가죠. 오히려 포스트시즌 탈락이 확정된 팀은 유망주에게 기회를 많이 줍니다.

드디어 보름 만에 박찬호 선수에게 등판 기회가 왔습니다. 시카고와의 원정경기였죠. 8회 말에 등판했는데 한 회를 던져 1실점 했습니다. 너무 의욕만 앞섰는지 높은 볼이 많았습니다.

다음 날 라소다 감독이 방으로 전화를 했습니다.

"야구장에 좀 빨리 나오도록 해라."

박찬호 선수의 투구를 점검할 생각이었던 거죠.

> 포스트시즌이란 정규 리그 경기가 끝난 후 상위 팀끼리 경기를 벌여서 진정한 우승팀을 가리는 것입니다. 메이저리그는 팀이 워낙 많아서 두 개의 리그로 나누는데, 두 개 리그의 우승팀끼리 맞붙는 것을 월드시리즈라고 합니다. 월드시리즈 우승은 팀으로서 가장 큰 영광입니다.

야구장에 나가자 감독님과 데이브 월라스 투수 코치가 불펜에서 기다리고 있었습니다.

박찬호 선수의 불펜 투구를 지켜보던 감독님이 조언했습니다.

"하이킥 자세를 바꾸면 어떻겠나?"

감독님은 무릎을 구부리고 던지라고 충고했죠. 하이킥으로 던지면 높은 스트라이크가 들어가기 때문이었습니다. 높은 스트라이크는 타자에게 쉽게 공략당합니다. 힘 좋은 메이저리그 타자에게 높은 공은 좋은 먹잇감이죠.

하이킥은 박찬호 선수의 상징과도 같은 것이었습니다. 게다가 10년 넘게 몸에 익혀온 자세를 바꾸는 건 큰 부담이었습니다.

박찬호 선수는 고민 끝에 보물처럼 여기던 하이킥을 버렸습니다. 박찬호 선수가 투구 자세를 바꾼 것은 그때가 처음이었습니다. 트리블 A 시절 후튼 코치에게 투구에 대해 배울 때도 자세만은 고집했었습니다.

다음 날부터 박찬호 선수는 투구 연습을 하면서 새로운 자세를 익혔습니다. 월라스 코치에게서는 체인지업을 배웠습니다. 체인지업은 강속구와 똑같은 자세로 던지지만 갑자기 속도가 뚝 떨어지는 변화구로서 타자들을 속이기 좋은 공입니다.

어느덧 시즌 마지막 날이 되었습니다. 박찬호 선수는 순위 다툼이 치열해 던질 기회가 없을 거라고 생각하고 있었지요. 그런데 다저스가 한 경기를 남기고 1위를 확정지었습니다.

박찬호 선수는 시즌 마지막 경기에 선발로 등판하는 기회를 얻었습니다.

박찬호 선수는 메이저리그 첫 선발 등판이라 부담이 됐죠. 전날 밤잠을 설쳐 몸이 조금 무거웠지만 마음은 편안하게 가지려고 했습니다.

'편안하게 던지자. 더도 덜도 말고 마이너리그에서 만큼만 던지면 된다.'

박찬호 선수는 1회부터 154킬로미터가 넘는 강속구를 던졌습니다. 그날 공의 속도는 최고 159킬로미터까지 나왔습니다.

그러자 중계방송 아나운서는 "전광판 스피드 측정이 잘못된 게 아니냐"고 물어보기도 했습니다.

라소다 감독은 신이 났죠. 1회가 끝나자 박찬호 선수 등을 다독이면서 말했습니다.

"신경 쓰지 말고 과감히 던져. 3회까지 던지니까 그렇게 알아."

라소다 감독이 힘을 실어준 까닭이었을까요. 박찬호 선수는 2회부터 다섯 명의 타자를 연속 삼진으로 돌려 세웠습니다.

3회를 던지고 내려오자 동료들이 엄지손가락을 치켜세우며 축하를 해주었습니다.

"찬호! 최고였어."

라소다 감독은 감격에 겨워 박찬호 선수를 포옹했습니다.

"내가 뭐라고 했니. 너는 분명 메이저리그 최고 투수가 될 수 있다고 했지."

박찬호 선수는 날아갈 듯이 기뻤습니다. 비록 3회였지만 박찬호 선수에게는 큰 의미가 있었습니다. 무엇보다 중요한 자신감을 회복한 것이죠.

박찬호 선수는 메이저리그를 마치고 애리조나에서 열리는 가을 리그로 갔습니다. 가을 리그에서는 메이저리그 예비 스타와 마이너리그 유망주들이 여섯 팀으로 나눠 두 달 동안 경기를 벌입니다. 메이저리그 스타 선수는 거의 가을 리그를 거칩니다.

박찬호 선수는 가을 리그에서도 성적이 좋았습니다. 낮은 킥을 완전히 몸에 익혔고, 체인지업도 마음대로 던졌죠. 공격적인 투구를 익혀 무척이나 기뻤습니다.

박찬호 선수는 어느 해보다 가벼운 마음으로 96년 스프링캠프에 참가했습니다.

그해 스프링캠프는 아주 중요했습니다. 한 자리 남은 5선발투수 자리를 놓고 박찬호 선수는 다른 투수들과 경쟁을 해야 했어요.

박찬호 선수는 가을 리그 참가로 체력이 많이 떨어진 상태였습니다. 그래서 체력 훈련에 매달리기로 했지요. 머리에 수건을 질끈 동여매고 매일 달리기를 했습니다. 그리고 웨이트 트레이닝을 하면서 필요한 근육을 키웠습니다.

박찬호 선수는 스프링캠프 동안 벌어진 여섯 경기에서 전체 투수들 가운데서 가장 뛰어난 성적을 올렸습니다.

다들 박찬호 선수가 메이저리그로 갈 것이라며 이구동성으로 이야기했습니다. 하지만 박찬호 선수는 또 다시 마이너리그로 가야 했지요. 클레어 단장이 그렇게 결정한 겁니다.

라소다 감독은 화가 머리끝까지 났습니다. 스티브 김도 오말리 구단주에게 강력하게 항의했어요.

오말리 구단주가 코칭스태프 회의를 소집했습니다. 라소다 감독을 비롯한 코치들의 생각은 클레어 단장과 달랐습니다. 박찬호 선수가 꼭 필요하다는 데 의견을 모았습니다.

라소다 감독이 회의 후 박찬호 선수를 찾았습니다.

"메이저리그에서 기다릴래, 마이너리그 선발투수 할래?"

"마이너리그 선발투수요."

박찬호 선수는 94년에도 비슷한 질문을 받은 적이 있습니다. 그때는 메이저리그라고 했지만 이번에는 마이너리그라고 말한 거죠. 이제 이름에 연연하지 않고 공을 던지는 즐거움을 알 만큼 성장한 것입니다.

감독님은 의외라는 표정을 짓더니 다음 질문을 이어갔어요.

"선발투수 다섯 명 중 한 명이 부진하면 내가 누구를 쓰겠니?"

"저요."

감독님은 크게 웃으면서 말했어요.

"그래서 네가 내 옆에 있어야 된다."

박찬호 선수는 우여곡절 끝에 대기 투수로 메이저리그에 합류했습니다.

국민들을 위로해 준 한국의 영웅

1997년, 우리나라에서는 엄청난 사건이 터졌습니다.

경제가 어려워서 나라를 운영할 돈이 부족해진 것입니다. 나라에 돈이 없으니 회사도 돈을 빌릴 데가 없어서 부도가 나고 망하는 경우가 많았습니다.

많은 사람들이 직장을 잃고 먹고살기 위해 가족들은 뿔뿔이 흩어져 살아야 했지요.

우리 국민들은 믿기지 않는 현실 앞에 큰 실망을 했습니다. 다시 일어설 희망마저 잃어버리고 말았답니다.

그때, 대기 투수로 시작한 박찬호 선수는 선발투수가 되어

1997년 다저스의 에이스급 투수로 발돋움 했습니다. 그해 14승 8패 평균 자책점 3.38을 기록했습니다. 특급 투수 대열에 올라설 발판을 마련한 거죠.

평균 자책점이란 투수가 9회까지 던질 경우 몇 점이나 실점을 하는지 평균 수치를 나타낸 것입니다. 평균 자책점이 낮은 선수일수록 뛰어난 선수입니다. 우리 투수의 평균 자책점이 3점인데, 우리 팀이 4점 이상 냈다면 이길 확률이 높다는 것이겠죠?

그라운드 밖에서도 박찬호 선수의 인기는 폭발적이었습니다. 얼굴이 잘생겨 최고의 광고 모델로 각광받았습니다. 최고 인기의 연예인보다 광고에 더 많이 출연했습니다. TV만 켜면 박찬호 선수가 나올 정도였죠.

박찬호 선수도 우리나라가 겪고 있는 어려움에 가슴이 아팠습니다.

'내가 잘하면 국민들에게 조금이라도 위안을 줄 수 있을 거야.'

우리나라 소식을 들을 때마다 주먹을 불끈 쥐고 다짐을 하곤 했습니다.

박찬호 선수는 98년 스프링캠프에서 정말 열심히 했습니다. 그때까지 큰 활약을 하고 있던, 일본을 대표하는 메이저리그 투수

노모를 제치고 다저스의 제2선발 투수가 되는 게 목표였죠. 그래서 어느 해보다 더 열심히 뛰고 체력도 길렀습니다.

드디어 98년 정규 시즌이 시작됐습니다.

박찬호 선수의 공은 정말 위력이 있었습니다. 160킬로미터 가까운 강속구로 메이저리그 강타자를 꼼짝 못하게 만들었지요.

미국과 남미의 덩치 큰 선수도 박찬호 선수의 불같은 강속구에 어쩔 줄 몰라 했습니다. 삼진을 당하고는 신경질적으로 방망이를 땅바닥에 내동댕이치곤 했습니다. 덩치가 자기보다 작은 동양인에게 창피를 당했으니까요.

"와! 160킬로미터 나왔어. 찬호의 볼은 누구도 칠 수 없어."

온 국민들이 박찬호 선수의 경기를 TV로 지켜보면서 열광했고 그의 강속구에 나라 전체가 겪고 있던 어려움을 잊었습니다.

박찬호 선수가 선발 등판하는 날이면 직장인들은 일손을 놓고 TV 앞에 모였습니다. 야구 경기를 보지 않던 할아버지, 할머니, 동네 아저씨들도 중계방송을 보았지요.

박찬호 선수가 삼진을 잡으면 환호했고, 안타를 맞으면 안타까워했습니다.

박찬호 선수는 볼을 던진 게 아니라 희망을 던졌습니다. 박찬호 선수가 이기면 국민들은 '우리도 어려움을 이겨낼 수 있다'고 생각했습니다.

"마크 맥과이어도 박찬호 선수의 라이징 패스트볼에는 꼼짝 못

하던데."

"새미 소사가 삼진 당할 때 표정 봤어?"

박찬호 선수가 승리하는 날 국민들은 온통 메이저리그 이야기만 했습니다.

박찬호 선수는 상당히 공격적으로 볼을 던졌어요. 강타자를 만나도 피하지 않고 정면 승부를 걸었죠.

무시무시한 홈런 타자 새미 소사, 배리 본즈도 박찬호 선수의 강속구를 무서워했습니다. 그해 홈런왕을 차지한 마크 맥과이어도 "박찬호 선수의 공이 치기 쉽지 않았다"고 말했습니다.

그해 박찬호 선수는 커브와 라이징 패스트볼(볼 끝이 위로 솟구치는 직구)을 잘 던졌어요. 특히 크게 휘어 들어오는 커브는 일품이었지요. 폭포수 같이 뚝 떨어지는 박찬호 선수의 커브에 메이저리그 타자들의 방망이는 헛돌기 일쑤였습니다.

95년 스프링캠프 때였습니다.

"찬호! 마운드에 한번 올라가 봐."

그렇게 말하고 감독님은 홈플레이트로 걸어갔습니다. 그러더니 자기가 쓰고 있던 모자를 내려 놓는 것이었어요.

"저녁 내기하자."

박찬호 선수가 커브 열 개를 던져 한 번만 모자를 맞혀도 감독님이 저녁을 사기로 했습니다.

박찬호 선수는 정신을 가다듬고 커브를 던졌습니다. 볼이 모자 근처에 뚝뚝 떨어졌으나 모자에는 한 번도 맞질 않았죠.

그런데도 라소다 감독은 "내가 저녁을 사마"라고 말했습니다. 모자는 맞추지 못했지만 공이 크게 휘어지는 게 만족스러웠던 것입니다.

그 후 박찬호 선수는 투 스트라이크를 잡고 나면 커브를 많이 던졌습니다. 홈플레이트에 라소다 감독의 모자가 있다고 생각하고 던진 거지요.

박찬호 선수는 98년 15승을 따냈습니다. 노모를 제치고 다저스의 제2선발 투수가 된 거죠. 보통 10승 이상을 하면 A급 투수로 대접을 받는데, 박찬호 선수는 2001년까지 계속 10승 이상을 올리며 메이저리그 최고 투수로 활약했어요.

다저스의 에이스 투수 케빈 브라운도 박찬호 선수에 대해 칭찬을 아끼지 않았습니다.

나는 한국의 영웅, 코리안 특급이다

"박찬호 선수의 공은 정말 대단하다. 특히 강속구와 커브가 좋다. 체력도 뛰어난 데다 잠재력까지 있다. 박찬호 선수가 내게 배울 것보다는 내가 배울 게 더 많다."

춥고 배고프던 시절 박찬호 선수는 그저 한 명의 한국인 메이저리그 선수가 아니었어요. 온 국민의 시름을 덜어준 영웅이었습니다.

18승을 거둔 성공의 해

"올해는 최소한 15승 이상은 올려야 되는데……."

박찬호 선수는 2000년 시즌을 앞두고 걱정이 많았습니다. 전년도에 13승밖에 따내지 못했거든요. 승수가 올라가야 되는데 98년보다 2승이 적었던 것이죠.

무엇보다 평균 자책점이 높아진 게 마음에 걸렸습니다. 박찬호 선수의 평균 자책점은 98년 3.71에서 99년 5.27로 상당히 나빠졌어요.

박찬호 선수는 2선발로 2000시즌을 시작했습니다.

잘 던져야 한다는 부담 때문이었는지 시즌 초반에는 부진했습니다. 방어율이 4~5점대를 왔다갔다 했습니다. 공이 높아 홈런을 자주 허용하기도 했어요.

"공을 놓는 위치가 너무 높아."

투수 코치가 여러 차례 찬호의 투구 자세를 지적했죠. 찬호도 제구력을 바로 잡으려고 무척이나 노력했지만 뜻대로 되지 않았습니다.

신임 감독의 신뢰를 잃기도 했습니다.

박찬호 선수는 마음고생을 했지만 점차 본 실력이 나오기 시작했습니다. 6월 14일에는 시즌 첫 완투승을 따냈어요.

"이제 감 잡았다!"

박찬호 선수는 자기도 모르게 이렇게 외쳤습니다. 잘 던질 수 있다는 자신감이 들었거든요.

그 뒤부터는 거칠 것이 없었습니다. 제구력이 안정되자 볼 스피드도 살아났습니다.

박찬호 선수는 시즌 후반기에 최고의 공을 던졌습니다. 누구와 상대해도 주눅 들지 않았죠.

"찬호는 충분히 20승을 할 수 있다. 그는 현재 메이저리그 선발

투수 가운데 가장 뛰어난 공을 던진다."

후반기에 박찬호 선수가 승승장구하자 라소다 부사장이 이렇게 말했습니다. 라소다 감독은 96년 다저스 감독직을 사임하고 98년에는 다저스 부사장이 되었죠.

8월 23일 밀워키전에서는 8회 동안 삼진 열네 개를 뽑았습니다. 박찬호 선수가 한 경기에서 삼진 열네 개를 기록한 것은 그때가 처음이었습니다.

상대팀 감독은 입에 침이 마르도록 박찬호 선수를 칭찬했습니다.

"밀워키 감독을 맡아 131경기를 하면서 만난 투수 중 박찬호 선수가 가장 어려웠다."

미국 신문에서도 박찬호 선수를 칭찬했죠.

"박찬호 선수가 새로운 경지에 올라섰다."(LA타임즈)

"또 한 번의 아름다운 투구."(오렌지카운티 레지스터)

9월 29일 박찬호 선수는 시즌 마지막 경기에서 메이저리그 첫 완봉승을 올렸습니다. 박찬호 선수는 9회 동안 2안타 1볼넷 무실점으로 막았습니다. 다저스가 3 대 0으로 이겼습니다.

그날 박찬호 선수의 투구는 신들린 듯했습니다. 모든 구질을 선

보였습니다. 홈플레이트 양 끝을 걸치며 들어오는 슬러브(슬라이더+커브), 낙차 큰 커브, 빠른 직구…… 박찬호 선수의 투구에 상대팀 타자들은 헛스윙만 해댔습니다.

박찬호 선수는 경기 후반에도 힘이 넘쳤습니다. 7회에도 154킬로미터의 스피드를 찍었을 정도니까요.

8회에는 솔로 홈런도 때렸습니다. 그야말로 박찬호 선수 혼자서 북치고 장구 치고 한 셈이었죠.

그 홈런은 다저스의 한 시즌 최다 홈런(209호) 신기록이기도 했습니다. 박찬호 선수가 친 홈런볼은 메이저리그 명예의 전당에 영구 보존 됐습니다.

그날 박찬호 선수는 삼진 열세 개로 탈삼진 2위로 올라섰습니다.

박찬호 선수는 그해 18승 10패 평균 자책점 3.27을 기록했습니다. 제1선발 케빈 브라운은 13승 6패의 성적을 올렸습니다. 박찬호 선수가 5승이나 더 많은 거죠.

경기 내용도 아주 좋았습니다.

박찬호 선수는 34경기에 선발로 등판해 226회를 던졌습니다. 삼진을 무려 218개나 뽑아냈어요. 거의 한 회에 한 개씩의 삼진을 잡은 셈이었죠.

안타도 173개밖에 맞지 않았습니다. 한 경기당 6.9개로 박찬호 선수가 속해 있는 내셔널리그 1위를 차지했습니다. 박찬호 선수는 시즌 후 사이영상의 수상 후보로 거론되기도 했습니다. 사이영상은 메이저리그에서 가장 뛰어난 활약을 한 단 한 명의 투수에게 주는 상입니다.

박찬호 선수는 시즌이 끝나는 게 무척 아쉬웠습니다. 이대로라면 20승도 할 수 있을 것 같았죠. 투수에게 20승이란 꿈의 숫자입니다. 메이저리그에서도 1년에 20승을 하는 투수는 한, 명 나올까 말까 할 정도죠.

아쉽게도 20승은 하지 못했지만, 2000년은 그렇게 완벽한 박찬호 선수의 해였습니다.

6,500만 달러의 사나이

"박찬호 선수는 올해 유력한 사이영상 후보다."

아침 신문을 보고 박찬호 선수는 기분이 좋았습니다. 2001년 가장 기대되는 투수로 자신의 이름이 나왔으니까요.

메이저리그 선수들의 실력을 평가하는 2001년판 〈스카우트 리포팅〉에서는 박찬호 선수가 존경하는 놀란 라이언과 비교하기도 했습니다.

"장기 계약 합시다."

다저스는 박찬호 선수를 잡으려고 장기계약을 제안했습니다.

전문가들의 예상 그대로였습니다. 박찬호 선수는 전반기에 8승

5패 평균 자책점 2.80의 성적을 남겨서 내셔널리그 올스타에도 선정됐습니다. 메이저리그 최고 선수들이 출전하는 올스타전은 '꿈의 향연'으로 일컬어지죠.

박찬호 선수는 올스타전이 열리고 3회 마운드에 올라왔습니다. 야구 선수로서 가장 영광스러운 순간이었습니다. 상대 타자는 메이저리그 연속 경기 출장 기록을 세운 립켄 주니어였습니다.

박찬호 선수는 존경의 뜻을 담아 직구를 던졌고 립켄 주니어는 그 공을 그대로 받아쳐 홈런을 만들었습니다. 박찬호 선수는 존경하는 선수에게 홈런을 맞아서 그리 기분이 나쁘지는 않았습니다. 일부러 홈런을 맞았다는 이야기도 있었지요. 어쨌든 박찬호 선수 덕분에 올스타전은 더욱 흥겨워졌습니다.

박찬호 선수는 8월까지 13승 5패, 평균 자책점 2.99로 뛰어난 활약을 했습니다. 그런데 9월 들면서 주춤거렸어요.

박찬호 선수는 후반기에 자주 허리에 통증을 느꼈습니다. 그러나 에이스의 책임을 지고 마운드에는 꾸준히 올랐습니다. 결국 박찬호 선수는 15승 11패 평균 자책점 3.50으로 시즌을 마감했습니다.

그 사이에 박찬호 선수의 에이전트는 '계약의 귀재'라고 불리는 보라스로 바뀌었습니다.

"퀄리티 스타트를 많이 기록해야 한다."

보라스는 퀄리티 스타트가 많으면 나중에 더 좋은 팀으로 옮길 수 있다고 강조했습니다. 퀄리티 스타트는 선발로 나가 6회를 3점 이하로 막는 것을 말합니다.

박찬호 선수는 2001년 모두 35번 선발로 출전(내셔널리그 공동 1위)했습니다. 퀄리티 스타트는 22번이나 기록했지요.

박찬호 선수는 시즌 후 자유계약을 선언했습니다. 어느 구단과도 자유롭게 계약을 할 수 있는 선수가 된 겁니다. 새로운 팀에서 우승에 도전해보고 싶은 마음이 컸던 것입니다.

보라스는 기자들에게 무려 80페이지에 달하는 '찬호 X-파일'을 보냈습니다.

첫 페이지에는 라소다 다저스 부사장이 한 말이 적혀 있었습니다.

"박찬호 선수는 메이저리그에서 가장 압도적인 투수가 될 만한 공을 던진다."

다음 페이지에는 박찬호 선수가 왜 메이저리그 최고 투수인지

그 이유가 써 있었습니다.

그냥 일방적인 주장이 아니었습니다. 상세한 기록과 다른 투수들과의 비교를 근거로 제시했습니다. '찬호 X-파일'의 내용이 너무 정확해 기자들도 다른 말을 할 수 없었지요.

"박찬호, 5년 6,500만 달러, 텍사스 행!"

2001년 12월 22일 신문과 뉴스들은 일제히 박찬호 선수의 계약 사실을 보도했습니다.

텍사스에는 막강한 타자들이 많았습니다. 하지만 투수력이 형편없어 아메리칸리그 서부지구 꼴찌를 했답니다. 특히 팀 평균 자책점이 5.71로 메이저리그 30개 구단 중 최하위였습니다.

그래서 박찬호 선수 같은 특급 투수가 꼭 필요했던 거죠. 박찬호 선수도 텍사스로 가면 타선의 지원으로 20승까지도 가능할 거라 생각했습니다.

당시 텍사스에는 리그 최고 연봉을 받은 알렉스 로드리게스가 있었습니다.

로드리게스는 "내 연봉은 몇 년 후에 줘도 좋다"며 "우승을 위해 박찬호 선수를 꼭 데리고 오라"고 말하기도 했습니다.

6,500만 달러는 어마어마한 액수입니다. 당시 우리나라 돈으로 계산하면 910억 원 정도 됐어요.

박찬호 선수의 평균 연봉은 1,300만 달러로 메이저리그 전체 투수 중 6위였습니다. 그만큼 박찬호 선수의 위상이 올라간 것입니다.

박찬호 선수의 텍사스 이적은 일대 사건이었습니다. 많은 사람들이 친정팀 다저스와 인연을 끊은 것을 의아하게 생각했습니다. 박찬호 선수가 다른 팀과 자유계약 협상을 할 때 다저스에 남으라고 권유한 사람들도 꽤 있었죠.

그런데도 박찬호 선수는 텍사스 행을 결심했습니다. 더 훌륭한 투수가 되기 위한 어쩔 수 없는 선택이었습니다.

"텍사스는 타격이 강한 팀으로 알고 있습니다. 제1선발 투수로 최선을 다하겠습니다."

박찬호 선수는 텍사스 입단 조인식에서 짤막하게 소감을 밝혔습니다. '6,500만 달러의 사나이' 박찬호 선수의 텍사스 생활은 이렇게 시작됐습니다.

나는 한국의 영웅, 코리안 특급이다

박찬호 영광의 순간 4

2006. 3. 5

　박찬호 선수는 부상으로 긴 슬럼프를 겪었습니다. 그런데 제1회 WBC 대표선수로 선발되었습니다. WBC는 축구의 월드컵처럼 세계의 모든 프로 야구 선수들이 출전하는 가장 큰 야구 대회입니다. 야구 강국인 일본, 미국 등이 모두 출전하죠.

　박찬호 선수는 공의 위력이 떨어졌는데, 이름값으로 대표팀에 뽑혔다는 비난도 받았습니다. 하지만 박찬호 선수는 실력으로 그런 소문을 모두 잠재웠습니다. 일본과 벌어진 지역 예선 최종전은 뜻깊었습니다. "앞으로 한국이 30년은 일본을 넘보지 못하게 해주겠다"는 이치로 선수의 이야기를 들은 터라 국민들은 꼭 일본을 이겨주기를 바랐습니다. 한국은 1 대 2로 뒤지던 8회 이승엽의 극적인 2점 홈런으로 역전을 했습니다. 그리고 드디어 9회말 박찬호 선수가 마운드에 올라왔습니다. 1점차의 아슬아슬한 승부라 모두 손에 땀을 쥐었습니다. 박찬호 선수가 대담하게 2명을 잡아내자, 모두가 흥분했습니다. 마지막 타자는 망언의 주인공 이치로였습니다.

박찬호 선수는 이치로 선수를 평범한 땅볼로 돌려세웠습니다. 온 나라가 들썩거린 대단한 순간이었습니다.

우리나라는 미국에서 벌어진 본선에서 4강에 들었습니다. 예선전에서 우리가 이긴 일본은 결승에 진출했습니다.

박찬호 선수는 대인배답게 이치로에게 축하한다는 말을 전하기도 했습니다.

세 번째 이야기

네 번째 이야기

두 번째 이야기

첫 번째 이야기

다섯 번째 이야기

험난한 모험 속에서도
난 꿋꿋해!

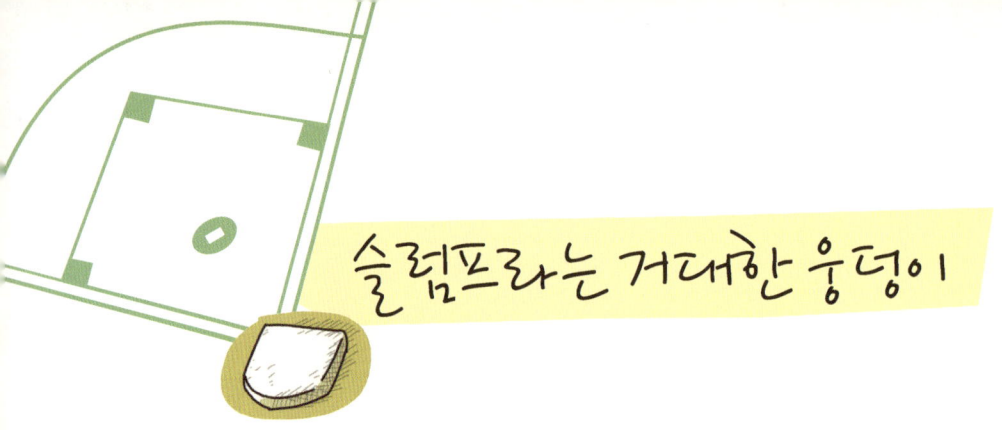

슬럼프라는 거대한 웅덩이

"다리가 좀 아픈데요."

박찬호 선수는 연습 경기가 끝난 후 의사 선생님을 찾았습니다. 허벅지 뒤쪽에 뻐근한 느낌이 드는 것이 걱정되었습니다. 이제 새로운 팀으로 옮겨서 팀을 대표하는 선수가 되었는데, 부상을 당하면 큰일이라는 생각이 들었습니다.

"햄스트링 부상입니다. 허벅지 뒤에 있는 커다란 근육을 다친 것인데, 대수롭지 않게 여겼다가는 두고두고 재발하는 부위입니다. 치료를 하시는 것이 좋을 것 같습니다."

걱정했던 부상이었습니다. 부상을 방치하면 나중에 문제를 일으킨다는 것을 알고 있었지만 에이스가 이대로 앉아 있을 수만은 없었습니다.

간단한 치료만 받고 빨리 낫기만 바랐습니다.

2002년 새로운 야구 시즌이 시작되었습니다. 새로운 시즌의 시작을 알리는 개막전은 팀을 대표하는 투수가 나서서 던지는 것이 오래된 전통입니다. 박찬호 선수는 당연히 텍사스 팀의 대표선수였죠. 부상은 걱정되었지만 개막전에 출전하는 영광을 다른 선수에게 넘길 수는 없었습니다.

공 하나하나를 집중해서 던졌습니다. 하지만 3회가 지나자 다시 허벅지가 아파왔습니다. 더 이상 공을 던질 수가 없었죠. 결국 박찬호 선수는 경기를 끝내지 못하고 마운드를 내려와야 했습니다.

박찬호 선수는 메이저리그에 진출해서 처음으로 부상을 당한 것입니다. 허리가 아픈 적은 있었지만 부상자 명단에 든 것은 처음이었죠. 다리가 아프니 전부터 아팠던 허리도 또 아파왔습니다.

의사 선생님을 자주 찾아갈 수밖에 없었습니다.

"허리가 더 문제인데요. 공을 계속 던지는 게 힘들 것 같습니다."

박찬호 선수는 하늘이 무너지는 느낌을 받았습니다. 야구 선수에게 공을 던지지 말라는 것은 더 이상 야구를 하지 말라는 말이나 똑같았습니다.

그래도 박찬호 선수는 이를 악물었습니다. '누구에게나 위기는 있다, 이까짓 위기 하나 돌파하지 못하면 박찬호가 아니다'라고 마음속으로 생각하며 치료에 전념했습니다.

결국 박찬호 선수는 정신력으로 부상을 극복하고 마운드로 돌아왔습니다. 그런데 부상 때문에 공도 느려졌고, 체력적으로도 힘들어서 성적이 좋지 않았습니다.

텍사스팀은 우승까지 노려볼 생각으로 박찬호 선수를 데리고 왔던 것이라 팀의 성적이 안 좋아지면 모두 박찬호 선수 탓을 했습니다.

다음 해에는 나아질 거라 생각했지만 부상은 심각했습니다. 또다시 시작된 부상과 싸우느라 7경기밖에 출전하지 못했습니다.

박찬호 선수를 어렵게 한 것은 부상만이 아니었습니다. 성적이 부진하자 신문이나 방송에서 계속 박찬호 선수를 비난했습니다. 텍사스 뉴스뿐만 아니라 응원을 해주어야 할 한국의 뉴스마저도 다시 던지기 힘들 것 같다는 둥 듣기 싫은 말만 했습니다.

　미국에 진출해서 선발투수가 된 이후 승승장구하던 박찬호 선수에게는 처음 느껴보는 커다란 시련이었습니다.

　'어떻게 나한테 이럴 수가 있지?'

　박찬호 선수는 이해할 수 없었습니다. 부상으로 아픈 것도 서러운데, 비난까지 받아야 한다는 것이 억울했습니다. 불과 몇 년 전까지만 해도 국민의 영웅이라고 칭찬 받았기에 더욱 그랬습니다.

　박찬호 선수는 거울을 보다가 깜짝 놀랐습니다. 머리에 500원짜리 동전 크기만 한 구멍이 있었던 겁니다. 심한 스트레스가 쌓이면 그렇게 머리카락이 빠지기도 한답니다. 그것을 원형탈모증이라고 하지요.

　불행은 한꺼번에 찾아온다고 하는 옛말이 있습니다. 박찬호 선수가 딱 그랬습니다. 부상 운도 안 좋았고, 사람 운도 없었습니다. 감독님이나 코치 모두 박찬호 선수와 맞지 않았던 겁니다. 부상에서 정상적으로 회복하도록 도와주지는 못할망정 계속 쓸데없는 훈련을 시키기도 하고 컨디션이 안 좋은 날 경기에 나가게도 했습니다.

험난한 모험속에서도 난 꿋꿋해!

결국 성적은 더욱 안 좋아졌고, 몸도 좋아지지 않았습니다. 그래도 박찬호 선수는 일부러 웃으며 팀 동료들과 감독님에게 농담을 던졌습니다. 고개를 숙이고 있으면 다른 사람들이 무시할 것 같았답니다.

박찬호 선수는 그런 어려움 속에서도 조금씩 몸을 회복해서 2005년에는 메이저리그에서만 100승째를 올리는 대기록을 세웠습니다. 메이저리그의 역사는 130년이 넘었습니다. 지금까지 약 8,000명의 투수가 탄생했지만 100승을 달성한 투수는 600명이 채 안되고, 동양인으로는 박찬호 선수의 동료였던 노모 선수와 함께 단 두 명만이 보유하고 있는 대기록입니다.

"오늘 선발은 취소야."

조금씩 자신감을 회복하고 있던 박찬호 선수에게 코치가 갑자기 출전을 취소한다고 말했습니다.

"오늘은 던지고 싶습니다."

박찬호 선수는 교민들이 많이 온 것을 보고 꼭 등판하고 싶다고 말했지만, 코치는 오히려 화를 내며 돌아가라고 했습니다. 사실

그날 박찬호 선수는 샌디에이고에 있는 팀으로 옮기게 되었습니다. 텍사스 구단은 박찬호 선수의 회복을 더 이상 기다리지 못하고 다른 팀으로 보낸 것입니다.

그렇게 박찬호 선수는 샌디에이고를 메이저리그에 진출한 후 세 번째 팀으로 맞이했습니다. 샌디에이고는 처음 활약을 했던 LA와 가까운 곳에 있는 도시라 그랬는지, 컨디션을 많이 회복해서 좋은 성적을 남겼습니다.

팀을 옮긴 다음 해인 2006년에는 활발하게 선발투수로서 자기 몫을 다 하고 있었습니다. 그런데 이번에는 생각지도 못했던 일이 벌어졌습니다.

장출혈이 생긴 거죠. 장출혈은 내장 기관에 상처가 생겨서 피가 나는 병입니다. 박찬호 선수는 병에 무너질 수 없다고 생각했습니다. 겨우 다시 재기했는데 병으로 무너지면 안 된다고 생각한 것이죠.

하지만 두 경기를 더 던진 후 결국 병원으로 옮겨져 수술을 받아야 했습니다. 피를 너무 많이 흘려서 동료들이 나서서 수혈을 해줘야 했습니다.

박찬호 선수는 수술이 끝난 후 동료 선수에게 "난 네 가족이야"라고 말하며 농담을 건넸습니다. 피를 나눠준 고마움을 표시한 거죠.

의사 선생님은 절대로 안정하라고 말했지만 박찬호 선수는 일주일 만에 야구공을 손에 잡고 연습을 하기 시작했습니다. 야구를 하기로 결심한 몸이니 어떤 일이 있어도 야구는 해야 했던 겁니다.

의사 선생님은 깜짝 놀랐습니다. 그 몸으로 훈련을 한다기에 안정을 취하라며 말렸습니다. 그러자 오히려 박찬호 선수가 "훈련을 하면 죽을 수도 있냐"며 끈질기게 의사 선생님을 귀찮게 했습니다.

의사 선생님을 얼떨결에 진심을 이야기했습니다.

"수술 부위가 터지면 다시 수술하면 되기는 하지만……."

박찬호 선수는 그 말에 용기를 얻고 아픔을 참으며 본격적으로 훈련에 들어갔습니다. 박찬호 선수에게는 큰 목표가 있었기 때문이었습니다. 박찬호 선수는 그때까지 13년이나 미국에서 선수로 뛰었지만 포스트시즌에 한 번도 나가보지 못했던 것입니다. 포스트시즌은 정규 경기가 다 끝난 후 성적이 좋은 팀끼리 다시 시합을 해서 최종 우승팀을 가리는 결승전 같은 것입니다. 포스트시즌에서 최종 우승한 팀을 진정한 우승팀이라고 부르죠.

 샌디에이고는 그해 성적이 좋아서 포스트시즌에 나갈 자격을 갖추었습니다. 박찬호 선수가 그렇게 열심히 훈련한 것도 빨리 회복해서 포스트시즌에 뛰어보고 싶었기 때문입니다.

 박찬호 선수는 포기하지 않고 감독님을 찾아가서 부탁했습니다.

 "뛸 수 있겠어?"

 "모든 준비가 다 되었습니다."

 감독님의 질문에 박찬호 선수는 간단하게 대답했습니다. 감독님은 박찬호 선수의 경험을 높이 사서 선수 명단에 포함시켜 주었습니다.

 10월 4일, 박찬호 선수는 처음 포스트시즌 경기에 출전하였습니다. 선발투수는 아니었지만 8회 구원투수로 등판해서 팀에게 귀중한 1승을 안겼습니다.

 그렇게 2006년의 해는 저물었습니다.

구단을 떠돌아다니는 여행자(저니맨)

프로 야구에서 한 개 팀에 있지 못하고 여러 구단을 떠돌아다니는 것을 여행하는 사람이라는 의미에서 저니맨(Journeyman: 여행자)이라고 부릅니다. 선수가 저니맨이 되는 이유는 성적이 나빠져서 구단에서 다른 팀으로 옮기라고 하기 때문인 경우가 많이 있습니다. 그러나 꿈을 포기하지 않고 끝까지 도전하기 때문에 저니맨이 되기도 합니다. 한 번 넘어졌다고 포기하는 것이 아니라 또다시 도전하고, 또 도전했기 때문에 결국 여러 팀을 옮겨 다닌 것으로 보이는 것이죠.

박찬호 선수는 2007년에 새로운 팀으로 옮겼습니다. 미국 경제의 수도 뉴욕에 있는 메츠라는 팀입니다. 새로운 곳에서 새롭게 시작하고 싶었기 때문이죠. 메츠는 1962년 창단한 팀으로 두 번이나 우승한 명문 구단입니다.

박찬호 선수는 메츠에서도 치열한 선발 경쟁을 해야 했습니다. 선발투수는 모두가 바라는 자리이기 때문에 경쟁을 해야 하는 것은 어쩔 수 없었습니다.

경쟁을 통해서 발전하는 것이죠. 박찬호 선수도 경쟁을 담담하게 받아들였습니다.

박찬호 선수는 오뚝이처럼 경쟁을 이겨내고 메츠에서 다시 선발투수가 될 수 있었습니다. 그런데 문제가 생겼습니다. 메츠 구단에서 박찬호 선수에게 겨우 하루 전에 메이저리그 선발로 나가게 되었다는 것을 알려주었기 때문이죠. 그때는 마이너리그에서 경기를 하기 위해 뉴올리언즈라는 곳에 있었습니다. 비행기를 타고도 몇 시간이나 걸리는 곳이죠.

박찬호 선수는 새벽 비행기를 타고 뉴욕으로 갔습니다. 그리고 바로 경기 준비를 했습니다. 당연히 몸이 안 좋았습니다.

하지만 박찬호 선수는 '나는 할 수 있어'라고 속으로 수십 번을

외치며 마운드에 올라왔습니다.

박찬호 선수는 노련하게 공을 던졌습니다. 삼진도 세 개나 뺏는 등 아주 성공적이었습니다.

'이제 다시 선발투수가 될 수 있어!'

희망적인 목소리가 들리는 듯했습니다. 그런데 그 순간 첫 안타를 맞았습니다. 그것도 상대방 투수에게 맞았습니다. 투수들은 보통 타격 연습을 안 하기 때문에 안타를 거의 못 칩니다. 그런데 투수에게 첫 안타를 맞았으니 신경이 쓰일 수밖에 없었죠. 몸도 안 좋은 상태라 박찬호 선수는 흔들리기 시작했어요.

공이 자꾸 엉뚱한 곳으로 날아갔습니다. 포볼이 많이 나왔죠. 그리고 그날따라 빗맞은 공도 자꾸 안타가 되는 것이었습니다. 홈런도 두 개나 맞았습니다. 실망스러운 경기였지만 박찬호 선수는 담담했습니다. 희망적인 이야기도 했습니다.

"오늘 첫 게임이었고, 운도 안 좋았던 것 같습니다. 그래도 내가 좋아하는 뉴욕 메츠를 위해 공을 던져서 기분은 좋습니다."

그러나 메츠 구단은 큰 실망을 했는지, 단 한 경기를 보고 박찬호 선수를 다시는 기용하지 않았습니다.

그때부터 박찬호 선수는 저니맨이 됩니다. 포기하라고 주변에서 만류하는 사람도 많이 있었습니다. 그러나 박찬호 선수는 포기를 모르는 사람입니다. 작은 가능성이라도 있으면 끝까지 도전하는 선수죠.

"더한 역경도 참고 견뎠는데 이렇게 끝내면 그리움과 아쉬움이 남을 것이라는 생각이 들었습니다. 계속 도전하면 끝이 아니지만 포기하는 순간 내가 목표로 정했던 것은 돌아오지 않습니다. 그렇게 도전을 끝낼 수는 없습니다."

그는 이렇게 의지를 다지며 또다시 새롭게 시작했습니다.

박찬호 선수는 처음 메이저리그에 몸담았던 LA 다저스의 문을 두드렸습니다. 마이너리그 계약이라도 좋다고 말하며 팀에 들어갔습니다. 메이저리그 100승이라는 대기록을 세운 선수가 마이너리그 계약을 하는 것은 창피한 일이었지만 박찬호 선수는 야구라는 목표가 있었고, 또 친정팀으로 돌아올 수 있다는 생각에 LA 다저스로 돌아갔습니다.

박찬호 선수는 마이너리그에서도 구슬땀을 흘리며 훈련과 시합을 계속했습니다. 열심히 하는 자에게 희망은 있는 것이니까요.

LA 다저스 구단에서도 박찬호 선수를 다시 선발투수로 기용했습니다. 6월에는 선발투수로 나가서 승리하기도 했습니다. 무려 23개월 만에 승리투수가 된 것입니다.

하지만 얼마 후, LA 다저스의 감독님은 박찬호 선수에게 롱맨이라는 직책을 맡겼습니다. 롱맨이라는 것은 선발투수가 일찍 무너졌을 때 뒤를 받쳐주는 선수를 말합니다. 선발투수는 보통 5일에 한 번 주기적으로 경기에 나가기 때문에 몸을 조절하기 쉽지만 롱맨은 언제 경기에 나갈지 모르기 때문에 매일 대기해야 하는 아주 힘든 자리입니다. 그리고 선발투수만큼 주목받지도 못하죠.

하지만 박찬호 선수는 겸허히 받아들였습니다. 여러 구단에서 어려운 일을 겪으면서 긍정적으로 생각하는 버릇이 생긴 거죠.

"오늘 나갈 수 있겠어?"

감독님이 물어보면 박찬호 선수는 언제나 "OK"라고 대답했습니다. 어떤 때는 스스로 경기에 나가서 뛰겠다고 말하기도 했지요.

박찬호 선수는 다른 선수가 은퇴를 생각하는 서른다섯 살의 나이에 55경기나 출전했습니다. 나이에 상관없이 긍정적인 마음으로 희망을 던진 것입니다.

　2009년에는 다섯 번째 팀인 필라델피아로 옮깁니다. 필라델피아는 미국 제2의 항구도시이고 동부 지역 문화의 중심지인 아름다운 도시입니다. 박찬호 선수는 선발투수를 다시 한 번 해보고 싶었는데 필라델피아 구단이 그 조건을 받아들여준 것입니다. 물론 경쟁에서 이겨야 한다는 조건은 있었지만요. 게다가 필라델피아 구단은 전년도에 우승까지 차지한 강팀이었습니다. 아직 한 번도 우승을 하지 못한 박찬호 선수는 꼭 우승을 해보고 싶었습니다.

　박찬호 선수는 필라델피아에서 선발투수로 시작했지만 전성기가 지나서 그런지 공이 들쑥날쑥 했습니다. 감독님은 박찬호 선수에게 선발투수보다는 대기하고 있다가 중간에 나서는 역할을 해주었으면 좋겠다고 말했습니다. 야구는 9회까지 한 선수가 계속 던지기는 힘들기 때문에 중간에 이어서 던져줄 다른 선수가 꼭 필요합니다. 그런 선수를 중간 계투라고 부르죠. 말 그대로 가운데서 이어 던진다는 뜻입니다. LA 다저스에서 맡았던 롱맨도 비슷한 역할이었죠.

험난한 모험속에서도 난 꿋꿋해!

선발투수는 아니었지만 박찬호 선수는 팀을 위해서 선뜻 그 역할을 맡겠다고 했습니다. 우승을 꼭 원했던 박찬호 선수는 중간 계투 역할을 충실히 했습니다. 그리고 팀은 전년도에 이어서 결승전인 월드시리즈에 진출했습니다. 일곱 번을 싸워서 네 번을 먼저 이기는 팀이 우승하는 것이 월드시리즈의 규칙입니다.

박찬호 선수도 중간 계투로 출전했습니다. 결승전에 처음 나가 본 것입니다. 박찬호 선수는 한 점도 주지 않는 뛰어난 성적을 거두었지만 팀은 네 번을 패해서 우승을 차지하지 못했습니다. 그 해 우승은 뉴욕에 있는 또 다른 팀 양키즈가 차지했습니다. 박찬호 선수는 줄무늬 유니폼을 입은 양키즈 선수가 그렇게 부러울 수가 없었습니다.

아시아 최고 선수에 오르다

2010년이 되었습니다. 은퇴 전에 꼭 우승을 해보고 싶었던 박찬호 선수는 뉴욕 양키즈의 문을 두드렸습니다. 뉴욕 양키즈는 미국에서 최고 인기를 누리는 구단입니다. 우승도 27번이나 차지했을 정도로 강팀입니다. 뉴욕 양키즈 외에 다른 팀은 10번 우승한 팀도 없으니 정말 대단한 팀입니다. 2010년에도 우승할 가능성이 가장 높은 구단이었습니다.

"최소한의 조건만 보장해주시면 양키즈에서 뛰겠습니다."

양키즈 구단은 속으로 만세를 불렀습니다. 박찬호 선수처럼 뛰어난 선수가 스스로 굴러들어왔으니까요.

박찬호 선수는 그렇게 여섯 번째 팀을 찾은 것입니다.

전통적인 줄무늬 유니폼을 입은 박찬호 선수는 멋졌습니다. 비록 홈런을 맞기는 했지만 개막전에도 중간 계투로 출전했습니다. 3일 뒤 또 다시 출전해서 선발투수를 도와 3회 동안 상대 타자를 꽁꽁 묶어서 팀에게 승리를 안기기도 했습니다.

하지만 박찬호 선수의 시련은 끝나지 않았습니다. 몸을 풀고 있는데 또 다시 허벅지 뒷부분에 통증이 왔습니다.

'부상.'

또다시 부상이 문제였습니다. 서른여덟 살이나 된 박찬호 선수는 부상에서 쉽게 헤어나지 못했습니다. 언제나 긍정적이고 희망을 잃지 않는 박찬호 선수도 이번에는 많은 실망을 했습니다.

'이제 정말 끝인가?'

생각을 정리하고 있던 박찬호 선수에게 연락이 왔습니다.

"피츠버그로 갈 준비를 해라."

피츠버그 구단에서 박찬호 선수를 원한 것입니다. 아직도 자신을 원하는 구단이 있다는 것이 기뻤습니다.

피츠버그는 미국 최대 석탄 산지로 운하가 잘 발달된 도시입니다. 그 운하를 이용해서 미국 각지로 석탄과 철강을 운반합니다. 박찬호 선수는 정말 저니맨처럼 미국 각지를 여행하는 듯했습니다. 피츠버그 구단은 최근 성적이 좋지 않았습니다.

단장님은 박찬호 선수에게 간곡히 부탁했습니다.

"우리는 이기고 있다가도 자주 집니다. 뒤에서 받쳐줄 핵심 역할을 해주셨으면 합니다."

박찬호 선수는 9월 13일 승리투수가 되었습니다. 야구는 규칙이 복잡해서 선발투수가 5회를 던지지 않고 내려오면 중간 계투가 승리투수가 될 수 있습니다.

이날 승리로 박찬호 선수는 메이저리그에서 123승을 달성했습니다. 1승만 더 올리면 노모 선수가 가지고 있던 아시아 선수 최다승 기록을 돌파할 수 있었습니다. 노모 선수는 이미 은퇴를 했고, 아시아 선수 중에 100승을 올린 선수도 없기 때문에 박찬호 선수가 기록을 세운다면 어쩌면 영원히 남을 수도 있는 대기록이었습니다.

그러자 감독님이 적극적으로 나섰습니다.

"찬호가 신기록을 세울 수 있도록 등판 기회를 더 주겠다."

선수들도 모두 똘똘 뭉쳤습니다. 선발투수였던 맥커천은 4회까지만 던지고 마운드를 물러났습니다. 1회만 더 던지면 승리투수가 될 수 있었지만 박찬호 선수에게 양보한 것입니다.

박찬호 선수는 마운드에 올라서 3회를 무실점으로 막았습니다. 아홉 명의 타자를 상대하는 동안 삼진을 무려 여섯 개나 뽑았습니다. 박찬호 선수의 뒤를 이어 올라온 투수들도 박찬호 선수의 승리를 지켜주기 위해 있는 힘을 다해 공을 던졌습니다. 피츠버

그는 결국 승리해 박찬호 선수는 아시아 선수 최고 기록을 세웠습니다.

경기가 끝나자 동료들이 모두 뛰어와서 박찬호 선수에게 맥주를 뿌리며 축하해 주었습니다.

"목표가 분명하고 소망이 간절하면, 그리고 많은 시간이 걸릴지라도 포기하지 않으면 반드시 이루어진다."

이렇게 박찬호 선수는 그날의 감격을 표현했습니다.

비록 우승은 못했지만 숙원이었던 또 하나의 목표를 달성한 것입니다. 아시아 최고 선수로 우뚝 선 박찬호 선수는 17년간이나 몸담았던 메이저리그 생활을 마무리하기로 결심했습니다.

많은 어려움이 있었지만 그 모든 것을 꿋꿋이 이겨냈기에 세계에서 가장 야구를 잘하는 사람들이 모이는 메이저리그에서 17년간이나 현역 생활을 할 수 있었던 것입니다. 미국인들도 그 부분에서 모두 박찬호 선수를 존경한다고 합니다.

새로운 시작, 일본에서 희망을 던지다

"일본에서 살아남기 힘들걸."

박찬호 선수가 일본 프로 야구 오릭스 버팔로스에 간다고 하자 선배들이 반대를 했습니다.

"차라리 한국 프로 야구에 오는 편이 훨씬 좋을 거다."

선배들 모두가 이렇게 말했습니다.

박찬호 선수도 일본에서 잘할 수 있을지 걱정이 되기도 했습니다.

일본 야구는 메이저리그에 비해 파워는 떨어지지만 정교하고 작전이 세밀합니다. 일본 타자는 타석에서 공을 고르는 능력과 배트에 공을 맞추는 기술이 뛰어납니다. 메이저리그 타자에 뒤지

험난한 모험속에서도 난 꿋꿋해!

지 않죠. 그래서 박찬호 선수가 걱정을 한 겁니다.

재일교포 3세인 아내 박리혜 씨는 자신이 태어나고 자란 일본에서 남편이 활약하기를 바랐습니다.

오릭스에 입단한 이승엽 선수도 박찬호 선수를 일본 프로 야구로 이끈 요인이었습니다. 박찬호 선수는 이승엽 선수가 7년간 일본 프로 야구를 경험했기 때문에 많은 도움을 받을 수 있을 거라 생각했습니다.

박찬호 선수는 고민 끝에 일본에서 야구 인생을 펼쳐보기로 결심했습니다. 계약기간 1년에 계약금 120만 달러(1억80만 엔) 성과급 100만 달러(8,400만 엔)에 계약했습니다.

박찬호 선수가 오릭스에 입단했다는 소식이 알려지자 일본에서는 한바탕 소동이 일어났습니다. 메이저리그 특급 투수 출신이 오는데 조용할 리가 없었죠.

"이건 빅뉴스다."

"나이가 좀 많긴 하지만 박찬호 선수는 메이저리그 최고 투수 출신이다."

박찬호 선수는 2010년 12월 22일 한국에서 오릭스 입단 기자

회견을 했습니다. 기자회견에서 박찬호 선수는 일본에 가게 된 이유를 밝혔습니다.

"도쿄 출신 아내와 가족을 위해 일본에서 뛰기로 했습니다."

일본으로 간 가장 큰 이유는 역시 가족이었습니다.

그리고 오릭스가 선발투수를 제안한 것도 한 이유였습니다.

"지난 3년간 선발과 불펜을 오갔기 때문에 오릭스의 선발투수 제안은 뿌리칠 수 없는 유혹이었습니다."

박찬호 선수는 한국이나 일본으로 올 생각이었습니다. 그런데 한국으로 오면 2011년은 뛸 수가 없었습니다. 선수로 등록할 시기를 놓쳐 버린 것이죠.

그래서 일본 프로 야구로 갈 방법을 찾고 있었고 마침 오릭스에서 연락이 온 것입니다.

오카다 감독은 "선발투수 자리를 보장하겠으니 일본으로 오지 않겠느냐"고 제의했습니다.

오카다 감독에게 박찬호 선수를 추천한 사람은 다카시로 수석 코치였습니다. 다카시로 코치는 2010년 한화에서 코치로 활동한 적이 있었습니다. 박찬호 선수는 2010년 한화의 스프링캠프에 참가해 훈련을 했었죠.

그때 다카시로 코치가 박찬호 선수의 공이 일본에서 충분히 통할 수 있다고 판단한 겁니다. 박찬호 선수의 풍부한 메이저리그 경험과 성실한 훈련 태도도 후배들에게 귀감이 될 수 있을 거라 생각한 것은 물론입니다.

"컨트롤이 좋고 공 끝에 힘이 있습니다. 특히 젊은 선수들의 성장에 큰 도움이 될 겁니다."

다카시로 코치의 추천에 오카다 감독도 OK를 했습니다.

오카다 감독은 "찬호가 투수들에게 정신적인 지주 역할을 할 수 있을 것"이라며 기뻐했습니다.

박찬호 선수는 역시 겸손했습니다. 오릭스 선수들은 박찬호 선수가 메이저리그에서 124승을 거둔 투수라 거만할 걸로 생각했지요. 하지만 박찬호 선수는 자신을 낮추는 자세로 오릭스 선수들에게 다가갔습니다.

오키나와의 시즌 전 훈련에서 박찬호 선수는 마치 신인 선수처럼 행동했습니다. 연습 투구를 하기 전에 투수판을 고른 뒤 공을 받을 포수에게 고개 숙여 인사를 했죠. 공을 다 던지면 다시 포수에게 다시 고맙다고 인사를 했습니다.

매일 투수들의 수비 훈련이 끝나면 지저분해진 마운드 주변을 정리하기도 하고 몸 풀기 운동을 할 때도 일본 선수나 외국인 선수들 옆에 누워 대화를 했습니다.

포크볼과 너클볼을 배우기 위해 젊은 선수들에게 먼저 다가갔습니다. 일본 투수들이 물으면 언제나 자신의 경험과 노하우를 말해주었습니다.

"참 예의가 바르고 자신을 낮출 줄 아는 큰 선수다."

오카다 감독은 입에 침이 마르도록 박찬호 선수를 칭찬했습니다.

박찬호 선수는 3월 5일 첫 시범 경기에 등판해 일본 야구의 매운맛을 톡톡히 봤습니다. 4회 동안 3점 홈런 포함 7안타를 맞고 5실점을 했습니다.

아무래도 일본과 미국은 여러 가지 환경이 다르기 때문에 적응 기간이 필요했습니다. 박찬호 선수는 실망하지 않고 일본 야구에 적응하려고 더욱 노력했습니다.

일본에 최악의 지진이 일어나자 박찬호 선수는 성금으로 1천만

엔(1억 4,000만 원)을 기부했습니다.

"많은 사람들이 고귀한 생명을 잃고 행방을 알 수 없는 분들이 많아 가슴이 아픕니다. 피해를 보신 분들께 조금이라도 도움이 됐으면 좋겠습니다."

일본인들은 "역시 메이저리그 출신 스타답다"며 박찬호 선수의 따뜻한 마음씨에 박수를 보냈습니다.

박찬호 선수는 4월 15일 일본 프로 야구 무대에 데뷔했습니다. 비록 패전했지만 6회를 잘 던져서 인상적인 투구를 했습니다. 그리고 4월 20일 두 번째 선발 무대에서 일본에서 정말 귀한 1승을 따냅니다. 7회 동안 3안타만 맞고 점수는 1점도 주지 않았습니다.

일본에서의 전반적인 성적은 기대에는 못 미쳤습니다. 일본에서 1년 동안 1승 5패를 했고 허벅지 뒤쪽을 또 부상당해 시즌이 끝날 때까지 뛰지 못했기 때문입니다.

하지만 성적과 상관없이 박찬호 선수는 일본에서 훌륭한 경험을 하게 해준 오릭스 구단에 감사를 전했습니다.

험난한 모험 속에서도 난 꿋꿋해!

박찬호 선수는 그동안 야구를 인생의 전부라고 생각하고 살았습니다. 그래서 주변에서 어떤 말을 하더라도 야구를 잘할 수 있다면 그 외의 모든 것을 포기했습니다. 그런데 결혼을 하고 가족이 생기자 박찬호 선수는 가족을 위해 야구를 조금씩 내려놓기로 했습니다. 일본에 온 가장 큰 이유는 사랑하는 아내가 어릴 때 일본에서 자랐기 때문이기도 했습니다. 일본의 문화를 이해하고, 잘 모르는 일본의 야구를 배운 것만으로도 충분히 감사했습니다.

그리고 2012년 박찬호 선수는 드디어 꿈에도 그리던 한국행 비행기에 오릅니다.

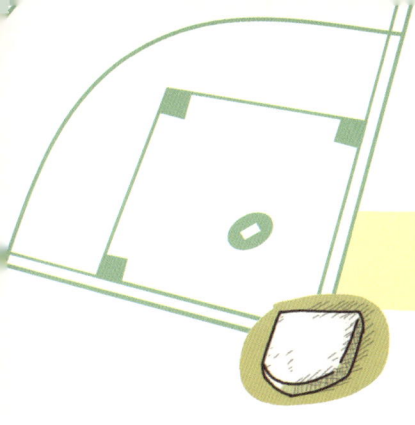

돈은 필요 없어요

　막연히 생각하던 것이지만 박찬호 선수는 항상 한국에서 은퇴를 하고 싶었습니다. 메이저리그에서 124승을 달성하고 나니 더욱 그런 마음이 들었죠. 박찬호 선수는 한국 국민이 자신에게 보내준 응원을 모두 기억하고 있었습니다. 박찬호 선수가 미국에서 활약하던 1997년부터 2001년까지 한국 경제는 매우 안 좋았습니다. 나라에 돈이 없어서 외국에서 급하게 돈을 빌려 와야 했습니다. 그 사이에 한국의 기업들은 망하고, 청년들은 직업을 찾지 못했으며, 중년들은 퇴사해야 했습니다. 국민들에게는 미국에서 시원하게 스트라이크를 던지는 박찬호 선수가 유일한 위로였습니다.

"오늘 박찬호 선수를 보고 하루의 피로가 전부 풀렸습니다."

"박찬호 선수가 잘하는 것을 보니 눈물이 났습니다. 파이팅입니다."

박찬호 선수는 야구를 열심히 한 것뿐인데, 전 국민이 성원을 보내주니 눈물겹게 감사했습니다. 최초의 한국인 메이저리거로서 여러 가지 어려움을 겪고 있을 때 국민들이 보내주는 응원은 엄청난 힘이 되었고, 한국의 국민들을 위해 더 잘해야겠다는 동기가 되었습니다.

박찬호 선수는 메이저리거로서 크게 성공한 후에, 자신의 성공은 혼자만의 것이 아니라 국민 모두의 것이므로 반드시 돌려줘야 한다고 늘 생각했습니다. 최초의 메이저리거로서, 또한 동양 최다승 투수로서 그동안 쌓은 경험을 한국 야구계에 퍼트리고 알려주는 것이 의무라고 생각했기에 꼭 은퇴 전에 한국 프로야구를 경험하고 싶었던 것입니다.

박찬호 선수는 고향팀인 한화 이글스로 돌아가기로 했습니다. 그런데 한화 이글스 구단의 담당자들은 막상 박찬호 선수를 만나서는 아주 곤란한 표정을 지었습니다.

　연봉이 큰 걱정거리였던 것이죠. 박찬호 선수는 한때 100억 원 이상 연봉을 받은 선수입니다. 마지막 선수 생활을 한 일본의 오릭스에서도 박찬호 선수에게 25억 원이나 되는 연봉을 주었습니다. 25억 원이면 2011년에 한화 이글스 전 선수가 받은 연봉과 비슷한 액수였습니다. 구단 관계자가 곤란해 하는 모습을 보이자 박찬호 선수는 통 크게 제안했습니다.

　"저는 연봉을 한 푼도 받지 않겠습니다."

　구단 관계자는 크게 당황했습니다.

　박찬호 선수는 말을 이었습니다.

　"대신, 얼마가 돼도 좋으니 구단에서 저에게 주려고 했던 연봉을 모두 기부해 주십시오."

　박찬호 선수는 돈 때문에 한국에 돌아오려고 한 것이 아닌 만큼, 원래 돈을 받을 생각이 없었습니다. 자신이 받을 연봉으로 유소년들을 위한 야구장을 만들고 싶어 했습니다. 그래서 한화 이글스에 기부를 약속받은 것입니다.

　결국 박찬호 선수는 6억 원을 기부하고 2400만 원을 연봉으로 받았습니다. 박찬호 선수는 2400만 원도 모두 기부하려고 했는데, 프로야구 선수가 되려면 최소 연봉을 받아야 한다는 규정이 있어서 받은 것입니다.

박찬호 선수는 한국에 오자마자 좋은 영향을 주었습니다. 한국 프로야구에서 활동하고 있는 선수 중에는 박찬호 선수를 보고 꿈을 키운 사람이 많이 있습니다.

'나도 나중에 박찬호 같은 선수가 될 거야.'

그렇게 생각하고 꿈을 키워온 선수 앞에 '진짜' 박찬호가 서 있으니 얼마나 감격스러웠을까요. 박찬호 선수는 이들에게 자신의 경험을 아낌없이 나눠줬습니다. 그리고 박찬호 선수가 인간적인 모습을 보이니 그들에게는 알 수 없는 자신감이 생겼습니다.

처음과 끝

박찬호 선수는 2012년 4월 12일, 드디어 한국 프로야구 무대에 섰습니다. 고향과 가까운 청주 구장에서 열린 경기에 선발투수로 나온 것입니다. 시범 경기에서는 불안한 모습을 보여 '한국 야구에 적응하지 못하는 것이 아닐까' 하는 걱정 속에 등판했기에 팬들은 가슴을 졸이며 지켜보았습니다. 그러나 박찬호 선수의 공은 시범 경기 때와는 완전히 달랐습니다. 팬들이 지켜보고 있었기 때문일까요? 전성기 때와 비슷하게 시속 150킬로미터 가까운 공도 뿌렸습니다. 3회에는 단 공 세 개로 세 명의 타자를 아웃시키는 진기록도 세웠죠. 박찬호 선수는 7회에 마운드에서 내려오기까지 두산의 타자들을 꽁꽁 틀어막았습니다.

이 승리는 박찬호 선수에게 매우 소중한 승리였습니다. 이 승리로 박찬호 선수는 한국, 미국, 일본의 프로 야구 모두에서 승리한 투수가 됐습니다. 또한 선발투수로서는 아직 유일한 투수입니다. 메이저리그에는 첫 승리를 했을 때 경기에서 사용한 승리구를 투수가 간직하는 전통이 있습니다. 박찬호 선수에게도 이 승리는 매우 소중했기에 꼭 공을 챙기고 싶었죠. 다행히 팀 동료가 챙겨준 덕분에 박찬호 선수는 그 공을 간직할 수 있게 되었습니다.

박찬호 선수는 그 다음 경기들에서 좋은 투구를 보였지만 몸이 점점 생각보다 안 따라오는 것을 느꼈습니다.

박찬호 선수는 "박수칠 때 떠나라"라는 말을 싫어한다고 합니다. 가장 화려하게 빛날 때, 사람들에게 좋은 기억을 남기고 떠나라는 뜻이지만, 박찬호 선수는 끝까지 노력하는 자신의 모습을 보여주고 싶었습니다. 그렇게 노력하는 모습이야말로 가장 빛나는 것이라고 믿었기 때문이죠.

10월 3일이 됐습니다. 박찬호 선수는 이날 치르는 경기가 마지막 경기가 될 것이라는 것을 알았습니다. 원래 1년간 한국에서 야구를 하고 은퇴하기로 결심했기에 아쉬움은 없었습니다. 마지막으로 손에 쥔 공과 글러브를 바라봤습니다. 최근 몸 상태로는 3회 정도를 던지면 최선이었습니다. 그런데 알지 못하는 힘이 났습니다. 팬들에게 보여줄 마지막 경기라고 생각하니 정신이 몸을 받쳐 주는 듯했습니다.

"팬을 위해 더 던져 주게."

감독님도 박찬호 선수의 마음을 읽은 것 같았습니다. 박찬호 선수는 고개를 끄떡이고는 마운드에 섰습니다. 공을 하나 던질 때마다 그동안의 일이 모두 생각났습니다. 처음 야구를 시작한 일, 처음 청소년 국가대표에 뽑힌 일, 처음 미국에 간 일, 첫승을 거둔 일 그리고 사랑하는 아내와 딸들까지…….

박찬호 선수는 더 이상 못 던질 것 같다고 생각했지만, 6회까지 힘차게 던졌습니다. 비록 팀은 패배했지만 사람들은 모두 일어나 박찬호 선수에게 박수를 보냈습니다. 박찬호 선수의 공식적인 야구는 여기서 끝을 맺었지만, 끝이 있어야 새로운 시작이 있다는 것을 박찬호 선수는 아주 잘 알고 있었습니다. 이제 프로 야구 선수 박찬호는 퇴장하지만, 인간 박찬호는 우리 곁으로 다가오고 있습니다.

험난한 모험 속에서도 난 꿋꿋해!

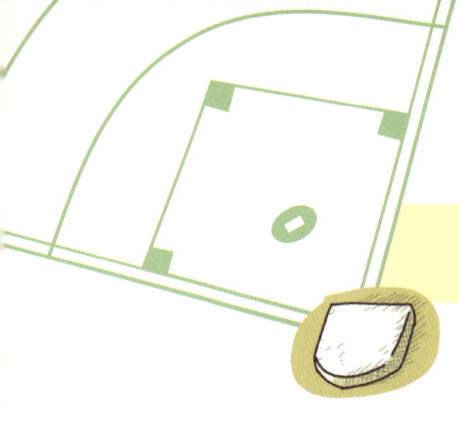

우리 곁에 살아 숨 쉬는 전설

투 머치 토커(Too Much Talker)란 말을 들어 보신 적이 있나요? 우리말로 표현하자면 '정말 말이 많은 사람', '수다쟁이' 정도로 해석할 수 있을 겁니다. 투 머치 토커는 박찬호 선수의 별명입니다.

박찬호 선수가 투 머치 토커란 별명을 가지게 된 여러 가지 일화가 있는데, 이는 모두 야구에 대한 열정과 팬에 대한 사랑이 빚어낸 에피소드입니다. 박찬호 선수는 한국 야구가 발전하는 데 자신의 경험이 필요하다고 하면 어디든지 찾아가서 강연을 합니다. 그런데 딱 시간을 맞춰서 강연을 하는 게 아니라, 해주고 싶은 말이 많기에, 강연 시간을 넘기기가 일쑤입니다.

그뿐만이 아니죠. 보통 유명 선수들이나 연예인이 사인회를 하면 인사 정도만 하고 사인을 해주는데, 박찬호 선수는 한 명 한 명의 눈을 맞추고 그들의 이야기를 들어주고, 또 자신의 이야기를 해줍니다.

혹시 인스타그램 활동을 하거나 보신 적이 있나요? 인스타그램은 보통 사진을 올리고 짧은 이야기를 올리는 목적으로 사용하는 서비스입니다. 그런데 박찬호 선수의 인스타그램에 들어가 보면 사진과 함께 상당히 긴 글이 붙어 있습니다. 사진을 찍은 상황과 자신의 생각을 자세히 적어두는 것이죠. 이 역시 주변 사람들에게 자신의 이야기를 충분히 들려주고 싶은 마음에서 나온 행동입니다.

박찬호 선수의 투 머치 토커 기질은 예능 프로그램에 나왔을 때 유감없이 발휘됩니다. 이미 박찬호 선수는 2008년에 인기 프로그램 '1박 2일'에 출연한 적이 있습니다. 미국에서 슬럼프를 겪고 있을 때라 새롭게 각오를 다지려고 출연했다고 말했습니다.

이때도 그동안 과묵하게 보이던 인상에서 벗어나 같이 게임도

하고, 모교인 공주중학교를 찾아가 즐겁게 '수다'를 떠는 모습을 보여주었습니다. 은퇴를 한 박찬호 선수는 2016년에 본격적으로 '진짜 사나이'에 출연합니다. 군대 생활을 체험해보는 프로그램인데, 박찬호 선수는 1998년 방콕 아시안 게임에서 금메달을 획득해 병역이 면제됐기 때문에 군대를 갔다 온 적이 없었습니다. 그래서 박찬호 선수에게는 아주 새로운 도전이었습니다. 여기서도 박찬호 선수는 훈련 교관이 수다를 참지 못해 자리로 들어가라고 할 때까지 자기소개를 하면서 큰 웃음을 안겨주었습니다.

박찬호 선수는 '진짜 사나이'에 출연한 이유가 평소 의형제처럼 지내는 형님이 암에 걸리자, 그 형님에게 어려움을 극복하는 모습을 보여주고 싶었던 것이라고 밝히기도 했습니다. 투 머치 토커라는 별명까지 얻어가며 열심히 활동하는 이유이기도 합니다. '진짜 사나이'에 출연해서 그랬듯이, 많은 사람에게 자신을 내보여서 용기를 주고, 희망을 안겨주고 싶기 때문입니다.

메이저리그 124승의 전설이 마치 동네 아저씨처럼 친근하게 다가와 자신의 이야기를 해준다면 그보다 신기하고 기쁜 일은 없겠죠? 박찬호 선수는 바로 그런, 우리 곁에 살아 숨 쉬는 전설이 되었습니다.

2018년에는 공주에 박찬호 기념관도 개관했습니다. 이제 박찬호 선수를 잘 모르던 어린이들도 그곳을 찾아가 전설을 경험할 수 있게 됐습니다.

박찬호 선수는 기념관 개관식에서 말했습니다.

"제가 투 머치 토커라고 불리는데 오늘 특별히 허락해 주시면 말씀을 좀 길게 드리겠습니다."

박찬호 선수의 말은 9분이나 길게 이어졌습니다. 그리고 박찬호 선수의 전설은 지금도 계속되고 있습니다.

험난한 모험 속에서도 난 꿋꿋해!

박찬호 영광의 순간 5

2010. 10. 2

어느덧 박찬호 선수는 메이저리그에서 17년간을 뛰었습니다. 아시아인으로서 세울 수 있는 기록을 거의 다 세웠습니다. 대만의 왕치엔밍에 의해서 2006년에 깨지기는 했지만 한 시즌 동양인 최다승 기록(18승)도 가지고 있었죠. 박찬호 선수는 메이저리그에서 오랫동안 활약을 해온 만큼 일본인 노모 선수가 가지고 있는 동양인 최다승 기록을 깨고 싶었습니다.

선발 투수가 아닌 박찬호 선수가 그 기록을 깨기는 많이 힘들어 보였습니다. 선발투수는 팀이 이기고 있는 상태에서 5회 이상 던지면 승리투수가 되지만 중간 계투로 나서는 투수가 승리투수가 되려면 지는 경기에 나서서 역전을 시키든지 선발투수가 5회를 넘기지 못했을 때 나와야 하는 등 조건이 까다롭기 때문입니다. 하지만 박찬호 선수는 동양인 최다승 기록을 목표로 성실히 공을 던졌습니다. 그리고 2010년 드디어 그 기록을 깼습니다.

2년 간 38승을 올렸던 왕치엔밍 선수, 일본의 괴물로 불리던 마쓰자카 선수도 메이저리그에서 반짝이는 별이었지만, 이렇게 오랫동안 반짝이지는 못했습니다. 다들 부상과 부진으로 100승을 달성하는 것도 힘들어 보입니다.

또 한 명의 한국인 영웅이 그 기록을 깨기를 박찬호 선수는 바라고 있지만, 이 기록만큼은 앞으로 십 년 이상 깰 사람이 나오기 힘든 대기록인 것만은 틀림없습니다.

어린이 도서 목록

박지성의 열정, 도전, 전설이 된 축구 이야기

도영인 지음 | 허한우 그림 | 크라운판 변형 | 164쪽 | 14,000원

불리한 신체조건을 극복하고 한국 축구 전설이 된 박지성 이야기. 태극전사 11년, 일본 교토상가FC, 네덜란드 PSV아인트호벤, 영국 맨체스터 유나이티드FC에서의 활약상을 만날 수 있어요.

이세돌, 비금도 섬 소년 바둑 천재기사

● 으뜸책 선정도서

조영경 지음 | 이정헌 그림 | 크라운판 변형 | 120쪽 | 13,000원

2016년 3월, 인공지능 컴퓨터 알파고(AlphaGo)와 이세돌의 바둑 대국에서 알파고는 4승 1패로 인간 이세돌을 이겼습니다. 이 책에서는 인간 이세돌의 값진 1승과 함께 과학의 발전 그리고 이세돌의 집념과 천재성을 만나볼 수 있습니다.

법정스님의 아름다운 무소유

● 청와대 어린이신문 푸른누리 추천도서 선정   ● 『좋은 어린이책』 선정

곽영미 지음 | 최주아 그림 | 신국판 변형 | 212쪽 | 11,000원

많이 갖는 것이 행복한 것이 아니라 베푸는 것이 행복한 것이라고 실천을 통해 가르쳐 주신 법정 스님 이야기. 무소유, 나눔, 배움, 실천 등 마음을 비우고 베푸는 즐거움을 느껴보세요.

창의력 CEO 송승환의 멈추지 않는 상상력

송승환 지음 | 양민숙 그림 | 크라운판 변형 | 160쪽 | 13,000원

〈난타〉공연으로 세계적인 명성을 얻고, 평창올림픽 개폐회식 총감독까지 맡은 송승환의 창의력에 대한 이야기를 담고 있어요. 책벌레로 자란 어린 시절부터 배우와 공연연출가로 자신의 꿈을 이루어 간 이야기들을 들려줍니다.

스티브 잡스가 살아서 자동차를 만들었다면

황연희 지음 | 허한우 그림 | 신국판 변형 | 164쪽 | 12,000원

애플, 매킨토시, 아이폰, 아이패드 등으로 21세기 문화생활을 획기적으로 변화시킨 위대한 혁신가 스티브 잡스의 모든 것을 알려줍니다. 뛰어난 혁신가의 이야기 속에서 어린이 여러분이 앞으로 무엇을 배워 나갈지 발견할 것입니다.

록펠러, 나눔을 실천한 최고의 부자

엄광용 지음 | 김정진 그림 | 신국판 변형 | 152쪽 | 12,000원

석유 사업으로 세계 최고의 부자가 된 록펠러. 그러나 갑자기 시한부 생명을 선고받은 그를 구원해 준 것은 이웃에 대한 사랑, 나눔의 실천이었습니다. 록펠러 아저씨가 남긴 유산은 지금도 좋은 일에 사용된답니다.

강영우, 세상을 밝힌 한국최초 맹인 박사

성지영 지음 | 이정헌 그림 | 신국판 변형 | 136쪽 | 12,000원

가족들을 차례로 하늘나라로 떠나보낸 소년. 이 소년은 설상가상으로 눈까지 멀고 맙니다. 하지만 이 소년은 한국 최초의 맹인 박사는 물론 백악관 공무원까지 되었답니다.

박영석, 세계의 지붕이 된 산사나이

이영준 지음 | 임하라 그림 | 신국판 변형 | 144쪽 | 12,000원

남극과 북극 그리고 지구에서 가장 높은 산까지. 인간의 손이 닿지 않은 어떠한 곳도 두 발로 걸어간 박영석 탐험대장 이야기가 어린이들의 용기와 모험심을 키워줍니다.

메시, 축구 역사를 새로 쓰는 작은 거인

황연희 지음 | 이정헌 그림 | 신국판 변형 | 152쪽 | 12,000원

축구를 정말로 사랑하는 소년, 키가 자라지 않는 장애도 그 소년을 막을 수 없었습니다. 오로지 축구 하나만을 바라보고 아르헨티나에서 스페인으로 건너온 소년 메시가 이제 축구의 역사를 새로 쓰고 있습니다.

박찬호의 노력, 끈기, 전설이 된 야구 이야기

임진국 지음 | 허한우 그림 | 크라운판 변형 | 180쪽 | 15,000원

박찬호 선수는 메이저리거가 단 한 명도 없던 대한민국에서 최초로 미국 야구장에 우뚝 서겠다는 꿈을 꾸었습니다. 여러분도 무엇인가를 이루고 싶다면, 박찬호 선수처럼 긍정적으로 믿고 노력하세요.

박태환, 0.01초에 승부를 거는 희망의 마린보이

임진국 지음 | 이정헌 그림 | 크라운판 변형 | 152쪽 | 14,000원

세계에서 출발이 가장 빠른 선수 박태환. 그 박태환 선수도 올림픽에서 부정출발로 탈락하는 아픔을 겪었습니다. 움츠러들게 하는 약점과 큰 좌절을 극복하고 올림픽 챔피언이 되기까지의 성장이야기가 고스란히 담겨 있습니다.

이승엽, 기록의 사나이 한국 야구의 전설이 되다

● 으뜸책 선정도서

임진국 지음 | 이승엽 감수 | 허한우 그림 | 신국판 변형 | 152쪽 | 14,000원

야구를 좋아하던 장난꾸러기 어린이가 어떻게 아시아 최고의 홈런왕이 되었을까요? 그 비결은 바로 노력입니다. 노력은 결코 배신하지 않는다고 말하는 이승엽 선수의 모습은 어린이들에게 큰 감동을 줄 것입니다.

최경주, 그린 위의 챔피언이 된 완도 섬 소년

유정원 지음 | 허한우 그림 | 신국판 변형 | 132쪽 | 12,000원

골프장이 커다란 닭장인 줄 알았던 한 소년이 자라나서 세계 최고의 골프선수가 됩니다. 그 모든 것을 이룰 수 있었던 것은 자신과 가족에 대한 믿음이었습니다. 초심을 잃지 않은 최경주 선수의 이야기는 감동과 재미를 줄 것입니다.

116년 만의 올림픽 금메달을 딴 골프 여제 박인비

조영경 지음 | 이정헌 그림 | 크라운판 변형 | 120쪽 | 13,000원

박인비는 LPGA US 여자오픈 최연소 우승을 비롯해 LPGA 17승, 아시아인 최초로 LPGA 투어 커리어 그랜드 슬램까지 훌륭한 성적을 거두었지요. 그리고 최연소로 LPGA 투어 명예의 전당에 오르고 올림픽 금메달까지 땄어요.

박세리, 한국 골프의 전설 희망의 맨발 샷을 날리다

성호준 지음 | 이정헌 그림 | 크라운판 변형 | 160쪽 | 14,000원

IMF시절 온 국민에게 희망을 안겨 준 투혼의 상징, LPGA 대회 25승, 세계 골프 명예의 전당 최연소 입성, 한국 골프의 전설이 된 박세리는 어떻게 대선수가 되었을까요? 이 책에서 그 이야기를 감동적으로 만나볼 수 있습니다.

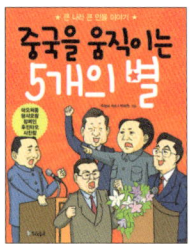

중국을 움직이는 5개의 별

● 으뜸책 선정도서

추정남 지음 | 박승원 그림 | 크라운판 변형 | 160쪽 | 14,000원

현대의 중국을 만들어 온 다섯 명의 지도자 마오쩌둥, 덩샤오핑, 장택민, 후진타오, 시진핑을 만나 볼 수 있어요. 5명의 지도자들이 성장해 온 배경과 이야기를 알아가면서 오늘날의 중국을 이해할 수 있는 지혜를 얻을 수 있답니다.

쉿! 곰마를 구해줘요
● 동물사랑실천협회 추천도서 선정

고정욱 지음 | 전지은 그림 | 신국판 변형 | 120쪽 | 11,000원

4학년 철진이와 태수는 곰 농장에서 단란한 곰 가족을 발견합니다. 이 곰 가족을 지키기 위해 좌충우돌 감동의 모험이 펼쳐집니다. 동물에 대한 사랑과 어머니의 모정을 느껴보세요.

철가방을 든 천사

엄광용 지음 | 임하라 그림 | 신국판 변형 | 148쪽 | 11,000원

우리나라에 나눔의 씨앗을 뿌리고 하늘로 올라간 철가방 천사 김우수 아저씨의 이야기가 재미있는 창작동화로 나왔어요. 김우수 아저씨의 아름다운 이야기를 읽으며 모두 진정한 나눔을 배워봐요.

엄마 아빠가 읽었던 지혜 쑥쑥 이솝이야기

성지영 엮음 | 손명자 그림 | 크라운판 변형 | 156쪽 | 13,000원

〈토끼와 거북이〉에서는 누가 경주에 이겼을까요? 포도를 먹지 못한 여우가 등장하는 〈여우와 신 포도〉에는 어떤 교훈이 있을까요? 엄마 아빠가 어렸을 때 읽었던 이솝이야기를 통해 재미와 지혜를 만나 볼 수 있어요.

아름답고 지혜 가득한 이야기 왕국 안데르센 동화

최연희 엮음 | 손명자 그림 | 173×225mm | 186쪽 | 13,000원

안데르센 동화는 행복한 왕자와 공주들의 이야기에서부터 어려움을 당하거나, 가난한 사람들의 이야기까지 다양한 이야기가 들어 있어요. 엄마 아빠와 어린이들이 함께 이야기할 수도 있고, 상상력을 키워줄 수 있어요.

할머니가 엄마 아빠에게 들려주었던 전래동화

채 빈 엮음 | 손명자 그림 | 173×225mm | 176쪽 | 13,000원

전래동화는 할아버지, 할머니 그 이전부터 입에서 입으로 전해져 내려온 이야기입니다. 그래서 〈송아지와 바꾼 무〉, 〈의좋은 형제〉, 〈짧아진 바지〉 등을 교과서에 나오는 전래 동화를 읽으며 온 가족이 이야기꽃을 피울 수 있습니다.

난 일기 쓰기가 정말 신나!

● 으뜸책 선정도서

조영경 지음 | 이중복 그림 | 크라운판 변형 | 264쪽 | 15,000원

이 책은 일기 쓰기를 힘들고 어려워하는 어린이들에게 재미있고 신나게 일기를 쓰는 법을 알려줍니다. 네 명의 아이들이 겪은 여러 가지 이야기 뒤에 일기를 써넣어 일상의 경험이 어떻게 일기로 쓰이는지 쉽게 알 수 있습니다.

난 독서록 쓰기가 정말 신나!

조영경 지음 | 이중복 그림 | 크라운판 변형 | 188쪽 | 15,000원

책을 읽고 나서 느꼈던 감동과 생각을 재미있게 정리하는 방법들을 알려주는 책이에요. 줄거리쓰기, 마인드맵 그리기, 말풍선으로 표현하기 등 다양한 표현을 통해 독서록을 써나갈 수 있어요.

난 논술 쓰기가 정말 신나!

조영경 지음 | 이중복 그림 | 크라운판 변형 | 200쪽 | 15,000원

논술이란 내 생각을 논리적으로 정리한 글이에요. 근거를 가지고 생각을 정리하면, 친구들이 내 생각을 알 수 있을 거예요. 서로 반대되는 생각을 가지고 있더라도 논술로 상대를 설득할 수 있어요. 이 책은 그 방법을 알려준답니다.

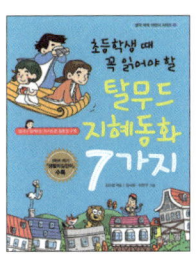

초등학생 때 꼭 읽어야 할 탈무드 지혜동화 7가지

김미정 엮음 | 김서희 · 허한우 그림 | 신국판 변형 | 184쪽 | 11,000원

유태인의 5천 년 지혜를 모아 놓은 거대한 서적 탈무드를 어린이들이 쉽고 재미있게 만나볼 수 있도록 엮었어요. 12,000쪽의 탈무드 중에서 최고의 정수만 골라 7종류 45가지 이야기로 엮은 지혜의 책이랍니다.

세상에서 가장 재미있는 이야기 50

● 미국판 탈무드 도서

제임스 M. 볼드윈 지음 | 신국판 변형 | 208쪽 | 9,500원

미국 교과서를 만든 볼드윈 선생님이 인류의 역사 속에 등장하는 가장 재미있는 이야기 50개를 모아놓은 책. 오랜 시간 동안 사람들의 가슴을 울리고 웃긴, 마법 같은 힘을 가지고 있는 재미있는 글모음입니다.

세상에서 가장 유명한 인물이야기 50

제임스 M. 볼드윈 지음 | 신국판 변형 | 216쪽 | 9,500원

진짜 꽃을 찾아낸 솔로몬 왕, 선원의 꿈을 포기한 조지 워싱턴, 키 작은 이야기꾼 이솝, 시를 처음 써보는 롱펠로, 페달 보트를 발명한 로버트, 아기 새를 구해준 에이브러햄 링컨. 흥미진진하고 지혜로운 이야기들이 들어 있어요.

학교수업이 즐거워지는 생생 체험학습

● 으뜸책 선정도서

김미정 지음 | 200×256 | 240쪽 | 15,000원

어린이들이 재미있고 자연스럽게 배움의 토대를 쌓고, 호기심과 학습욕구까지 발산할 수 있는 체험학습을 학교수업에 맞게 구체적이고 체계적으로 준비하도록 돕는 책이에요.

말문이 트이는
스토리 초등 영문법

김지은 지음 | Clara Jeong 감수 | 210×255 | 200쪽 | 16,500원

아이들이 거부감을 느끼지 않고 문법에 입문하도록 도와주는 어린이 영문법 책이에요. 재미있는 스토리를 읽고 퀴즈를 풀다 보면 연상 작용을 통해 머릿속에 그림처럼 영문법이 떠오르도록 구성했습니다.

외규장각 의궤의 귀환
문화영웅 박병선

조은재 지음 | 김윤정 그림 | 크라운판 변형 | 152쪽

이 책은 《직지심체요절》이 구텐베르크의 《42행 성서》보다 78년이나 앞선, 세계에서 가장 오래된 금속활자 인쇄본임을 밝히고 외규장각 의궤 297권을 찾아 대한민국에 반환하는 데 혁혁한 공을 세운 박병선 박사의 이야기입니다.

우리 신부님,
쫄리 신부님

채 빈 지음 | 김윤정 그림 | 크라운판 변형 | 136쪽 | 14,000원

가장 가난하고 슬픈 마을인 '톤즈'에 찾아가 자신의 모든 것을 바쳐 나눔을 실천한 이태석 신부님의 이야기입니다. 모두가 외면한 그들에게 신부님의 친구가 되어주었고 이제 영원히 그들의 가슴속에 남았습니다.

한반도 통일열차
세계를 향해 달려요

신석호, 이명혜 지음 | 크라운판 변형 | 164쪽 | 14,000원

이 책은 통일에 대한 어린이들의 궁금증과 우리나라를 둘러싸고 있는 여러 문제들을 한번쯤 깊이 생각하게 해주는 이야기들을 다루고 있습니다. 통일이 되면 달라질 여러 환경을 사진과 함께 살펴볼 수 있습니다.